KB048621

야만에서 문명으로
정신의 발달과정

야만에서 문명으로
정신의 발달과정

초판 발행 2024년 6월 25일

지은이 | 제임스 하비 로빈슨
옮긴이 | 권혁
발행인 | 권오현

펴낸곳 | 돋을새김
주소 | 경기도 고양시 일산동구 하늘마을로 57-9 301호 (중산동, K시티빌딩)
전화 | 031-977-1854 팩스 | 031-976-1856
홈페이지 | http://blog.naver.com/doduls 전자우편 | doduls@naver.com
등록 | 1997.12.15. 제300-1997-140호
인쇄 | 금강인쇄(주)(031-943-0082)

ISBN 978-89-6167-349-5 (03190)
Korean Translation Copyright ⓒ 2024, 권혁

값 15,000원

*잘못된 책은 구입하신 서점에서 바꿔드립니다.
*이 책의 출판권은 도서출판 돋을새김에 있습니다. 돋을새김의 서면 승인 없는
무단 전재 및 복제를 금합니다.

THE MIND IN THE MAKING

야만에서 문명으로
정신의 발달과정

제임스 하비 로빈슨 | 권혁 옮김

돋을새김

이 책은 인간의 관심사들 중 가장 중요한 문제를 다룬 에세이로 논문은 아니다. 비록 겉으로 보이는 것보다 훨씬 더 많은 생각과 노력을 기울였지만, 나로서는 긴급한 주제가 요구하는 수준에는 훨씬 못 미친다고 생각한다.

각 장의 주제는 한 권의 책으로 즉시 확장할 수 있을 것이다. 이 책은 사회의 구석구석에 도사리고 있는 위험을 피하거나 줄일 수 있도록 사람들의 생각을 바꾸기 위한 노력이 이제 막 시작되고 있다는 것을 알려준다.

제임스 하비 로빈슨, 1921

차례

제1부

지금 우리는 철학을 먼저 배운 다음, 그 철학에 비추어 사실들을 정당화하려고 노력한다. 실험 과학에서 위대한 작업을 시작했던 사람들처럼 우리는 이 과정을 반대로 진행해야 한다. 먼저 사실들을 직시하고 인내심을 갖고 새로운 철학이 나타나기를 기다려야 한다

1.
이 책의 목표에 대하여

　자기 자신과 동시대인을 바라보는 방식에 마법 같은 변화를 만들어낼 수 있다면, 현재 사회를 괴롭히고 있는 적지 않은 병폐들이 사라지거나 저절로 개선될 것이다. 만약 영향력 있는 사람들 대부분이 영향력 없는 소수의 사람들이 갖고 있는 견해와 관점을 갖게 된다면, 또 다른 세계대전은 일어나지 않을 것이며, '노동과 자본'의 문제는 모두 변화되고 완화될 것이다. 또한 국가적 오만, 인종 혐오, 정치적 부패 그리고 비능률은 모두 위험 수준 이하로 줄어들 것이다.

　옛 스토아 학파의 격언에서 말하듯, 인간은 사물 자체보다 사물에 대한 자신들의 의견 때문에 고통 받는다. 이것은 오늘날 우리가 겪고 있는 여러 가지 심각한 문제들에서 명확하게 나타나고 있다.

　우리에겐 지금보다 훨씬 더 공정한 세상을 만들어낼 유용한 지식과 창의력 그리고 물질적인 자원이 있지만 다양한 방해물이 그것들의 영리한 활용을 가로막는다. 이 책의 목표는 이런 명제를 구체화하고, 유익한 정신의 변화를 가로막는 엄청난 어려움들을 모두 솔직하게 드러내고, 그것들을 극복하기 위해 채택할 몇 가지 수단들을 명확하게 제시하는 것이다.

　전례 없는 상황과
　전례 없는 정신의 태도

　현재 대부분의 문명국가에 만연한 인간사의 심각한 혼란을 성찰해볼 때, 최고의 지성인들도 이런 상황을 파악하는데 있어 당혹해 하며 확신하지 못한다. 세계는 도덕적, 경제적 쇄신이 필요한 것으로 보이며, 이것을 미루는 것은 위험하지만 올바른 방향을 제시하는 것은 고사하고 아직 파악조차 못하고 있다.

　사회의 지도자들이 이런 상황의 나아갈 방향을 결정하고 통제할 위치에 도달하게 만들 예비적인 지적 쇄신은 일어나지도 않았다. 우리가 적절히 다루어야 하고 새롭게 조정해야 할 전례 없는 상황을 맞이하고 있다는 것은 분명하다.

　우리에겐 조상들이 알 수 없었던 엄청난 과학 지식도 있다.

상황은 전혀 새롭고, 엄청나게 많은 지식을 갖춘 우리는 전혀 다른 상황 속에 살면서 세계와 자신들에 대해 훨씬 더 적게 알고 있던 앞 세대가 전달해준 인간과 인간관계에 관한 많은 견해들을 다시 생각해야 하는 힘든 과제를 수행해야 한다.

우선 우리는 '전례 없는 상황에 대처하기 위한 전례 없는 정신적 태도'를 만들어내기 위해 '전례 없는 지식을 활용해야' 한다. 이것이 가장 먼저 준비하고 거쳐야 할 가장 어려운 단계이다. 이 단계를 밟기 위해선 뿌리 깊은 본능적 성향과 오래 지속되어온 인위적인 관습들을 극복해야 한다.

이런 사실을 인식하지 못한다면 예상보다 훨씬 더 어려운 일이 될 것이다. 어떻게 하면 전에는 생각해보지도 못했을 뿐만 아니라 물어보기를 꺼려했던 일들을 다시 생각할 수 있을까? 간단히 말해, 어떻게 하면 지금 우리가 맹신하고 있는 편견들을 제거하고 '정신을 계발할 수 있을까?'

인간이 현재 널리 퍼져 있는 인간관계에 대한 생각과 신념을 어떻게 갖게 되었는지를 오랫동안 각별히 연구해온 역사학도로서, 나는 이런 결론에 도달했다. 역사는 최소한 우리들이 지금 겪고 있는 곤경과 혼란에 아주 많은 도움을 줄 수 있다는 것이다. 여기에서 역사란 먼 과거에 일어난 사건들을 나열한 상투적인 연대기가 아니라, 인간이 어떻게 현재의 모습이 되었으며 혀재의 믿음을 갖게 되었는가에 대한 연구이다.

지금까지 이런 전체적인 이야기를 평이하게 또는 대중적으로 설명할 수 있었던 역사학자는 없었다. 하지만 몇 가지 명확한 고찰들이 있었으므로 언젠가 대중화하는 것이 불가능하지는 않다. 나는 반박의 여지가 없는 일정한 역사적 사실들이 널리 알려지고, 우리들의 일상적인 생각의 일부로서 인정된다면 이 세상은 즉시 현재와는 전혀 다른 곳이 될 것이라 생각한다.

그렇게 된다면 지금과 같은 어리석은 방식으로 우리 자신을 미혹시키지 않을 것이다. 또한 타인들의 원시적인 무지에 편승할 수도 없을 것이다. 사회적, 산업적, 정치적 개혁에 대한 논의들은 모두 더 높은 경지의 통찰력과 생산성을 얻게 될 것이다.

웰스*는 자신의 소설을 흥미진진하게 만들기 위해 사용하는 훌륭한 여담(餘談)을 통해 이렇게 말한다.

현 시대의 지성사(知性史)를 작성하게 된다면, 나는 현재 진행 중인 뛰어나고 풍부한 과학 연구들과 이 사회의 다른 지식인들이 갖고 있는 보편적인 생각 사이의 텅 빈 간격보다 더 두드러지게 눈에 띄는 것은 없을 것이라고 생각한다. 과학자들이 모두 보통의 인간보다 모든 것을 훨씬 더 훌륭하게 처리하고 생각하는 슈퍼맨 계급이라는 의미는 아니다. 하지만 자

* H. G. Wells 1866~1946. 영국의 소설가, 문명비평가. 《타임머신》의 저자

신들의 분야에서 그들은 열심히 성실하게, 폭넓고 대담하게, 끈기 있고 철저하게 그리고 충실하게 생각하고 작업한다. 그것이 그들의 작업을 다른 어떤 인간의 활동보다 더 뛰어나게 만든다.

이 특별한 분야에서 인간의 정신은 새롭고도 품위 있는 태도와 행동양식, 진실성과 자기초월 그리고 널리 확산되어 궁극적으로는 다른 모든 인간사로 퍼져나가야 할 자기희생적인 비판의 활력을 이루어냈다.

지난 몇 세기 동안 이루어진 자연 연구자들의 업적을 매우 피상적으로 알고 있는 사람일지라도 거대한 성운에서 가장 작은 원사에 이르기까지 그들의 생각이 우주에 대한 인간의 지식을 지속적으로 늘리는데 대단히 효과적이었다는 사실을 알아차리지 못할 사람은 없다. 이런 지식은 인간사에 거의 대변혁을 일으킬 정도로 적용되었으며, 만약 동일한 종류의 생각이 동일한 끈기와 빈틈없는 방식으로 지속되기만 한다면, 지식과 그 적용은 모두 무한한 가능성을 향한 희망적인 시작일 것으로 보인다.

하지만 인간에 대한 지식, 인간 행동의 기원에 대한 지식, 개인적으로나 집단적으로 동료 인간과의 관계에 대한 지식 그리고 조화와 공정에 대한 관심 속에서 적절한 인간적 교류의 규정에 대한 지식은 그런 발전을 이루지 못했다.

친문학과 물리학에 관한 아리스토텔레스의 논문들과 '생성과 소멸', 화학작용에 대한 그의 생각들은 오래 전에 폐기되었지만, 그의 정치학과 윤리학은 여전히 존중받고 있다.

이것이 인간과학에 대한 그의 통찰력이 자연과학에 대한 이해를 크게 뛰어넘었다는 의미일까? 아니면 과학 지식과 인간사의 규정에 있어 인류의 진보가 2000년 이상 거의 멈춰 있었다는 의미일까? 나는 후자가 옳다고 결론을 내리는 것이 틀림이 없다고 생각한다.

현대의 화학자나 물리학자가 신비한 원자핵과 전자의 관계에 관심을 기울이거나 배아학자가 수정란의 초기활동을 연구할 수 있게 되기까지 3세기에 걸친 과학적 사고와 창의력이 풍부한 발명이 필요했다. 하지만 인간의 문제에 대해서는 아직까지 그와 같은 사고가 적용된 사례는 거의 나타나지 않고 있다.

편견 없는
비판적인 태도

국제기구에서 벌어지는 정치인의 논의와 고장 난 자동차에 대한 기계공의 논의를 비교할 때 그 대조는 충격적이다. 시골의 기계공은 과학적으로 생각한다. 그의 유일한 목표는 차가 한 번 더 달릴 수 있도록 자연과 자동차의 작동원리에 대한 지식을 활용한다. 반면에 정치인들은 자연과 국가의 작동방식에 대한 지식이 없는 것처럼 보이는 경우가 많다. 그들은 미사여구에 의존해 모호한 공포와 희망 또는 단순한 당파적 증오에 호소한다. 과학자들은 한 세기 동안 '현실적인' 국가들의 관계에 대변혁을 일으키는데 힘써왔다.

워싱턴의 시대와 달리 바다는 더 이상 장벽이 아니다. 동서 대륙을 안전하게 분리하기보다 모든 의도와 목적에 따라 밀접하게 연결하는 매끄러운 통로이다. 그럼에도 정치인은 당대에는 적합했을지 모르지만 이제는 아무런 효력도 없는 한 세기 전의 정책을 부끄러움 없이 주장한다. 반대로 차고의 기계공은 자신이 찾아낸 새로운 메커니즘을 받아들인다. 초기 형태의 엔진에 집착하는 대신 개선할 점을 찾아 적용한다.

인간의 문제가 아닌 자연현상을 다루는 사람들은 대중의 호감과 존경을 쉽고 빠르게 얻지 못했다. 기존의 편견으로부터 자연과학을 해방시키는 과정은 배운 사람과 배우지 못한 사람 모두에게 길고 고통스러운 과정이었으며, 아직도 완전히 끝나지 않았다.

17세기 초로 거슬러 올라가면 자연과학의 상식을 제시하고 지키려 했던 세 사람을 만날 수 있다. 그들 중 가장 감동적이고 다양한 설득력을 갖춘 사람은 베이컨 경*이었다.

---

* Francis Bacon 1561~1626: 영국의 척학자. 경험론을 중시했다.

그리고 30년 전쟁에 참전하면서 예수회 신학교에서 받았던 교육에서 스스로 벗어나려 했으며, 자신이 배운 모든 것을 포기하고 지적인 삶을 새롭게 시작하려고 했던 젊은 데카르트*가 있었다.

　갈릴레오는 물리학의 문제를 모국어로 논의했다는 이유로 중대범죄를 저지른 사람이 되었다. 노년의 그는 아리스토텔레스와 모세 그리고 신학자들의 가르침에서 벗어났다는 이유로 투옥되어 일곱 편의 참회시를 반복해 암송하라는 형을 선고받았다. 갈릴레오의 운명을 듣게 된 데카르트는 자신도 곤경에 처할 것이 두려워 자신의 책 《세계에 관하여》를 불태웠다.

　그 무렵부터 헉슬리**와 존 피스케***의 시대까지 자연현상을 다룰 지적 자유를 위한 300년에 걸친 전쟁이 펼쳐졌으며, 지금도 계속되고 있다. 이 전쟁은 무지와 전통, 교회와 대학의 기득권 그리고 새롭고 비판적인 아이디어에 대한 터무니없는 모략과 끔찍한 허위사실 유포에 맞선 싸움이었다.

　과학 발견에 반대하는 사람들은 신과 인간의 존엄성 그리고 거룩한 종교와 도덕의 이름으로 그렇게 외쳤다. 마침내 자연과학 교육은 어느 정도 자유로워졌지만, 여전히 다수의 조직화된

＊　Rene Descarte 1596~1650: 프랑스의 철학자.

＊＊　T. H. Huxley 1825~1895: 영국의 생물학자. 다윈의 진화설을 옹호했다.

＊＊＊John Fiske 1842~1901: 미국의 철학자, 역사가.

베이컨, 데카르트, 헉슬리. 자연현상을 다룰 지적 자유를 위한 300년에 걸친 전쟁이 펼쳐졌으며, 지금도 계속되고 있다.

종교 신자들은 생물학의 보다 더 중요한 발견을 열렬히 반대하고 있다.

수십 만 명의 독자가 콘웰* 목사의 에스겔서 주석과 묵시록을 읽었지만 콘클린의 《유전과 환경》이나 슬로슨**의 《창조적 화학》을 읽은 독자는 수백 명뿐이다. 인류의 동물 조상에 대해 현재 우리가 알고 있는 지식을 명시적으로 설명한 역사 교과서를 흔쾌히 발행할 출판사는 없을 것이다. 그러나 우리의 과학자들은 대체로 성직자나 학교 측의 적대감을 거의 또는 전혀 느끼지 않고 연구를 계속하면서 그 결과를 보고한다. 사회는 이제 그들의 바이러스에 내성이 생겼다.

---

* Russell H. Conwell 1843~1925

** Edwin Slosson 1865~1929: 미국의 화학자

하지만 사회과학의 경우는 다르다. '사회과학'이라는 표현을 사용할 때 약간 거북한 느낌을 가질 수밖에 없다. 마치 우리가 아직도 진정한 인간과학에 가까이 다가서지 못한 것처럼 보이기 때문이다. 나는 사회과학이라는 말을 인간을 연구하기 위한 미약한 노력이라는 의미로 사용한다. 인간의 타고난 소질과 충동 그리고 혈통과 인종의 역사에 비추어 다른 인간들과의 관계를 연구하기 위한 미약한 노력을 의미한다.

이 모험적인 기획은 지난 300년 동안 자연과학의 발전을 방해했던 것보다 본질적으로 더 해롭고 훨씬 더 많은 장애물에 가로막혀 있다. 인간과 관련된 문제들은 분자나 염색체보다 훨씬 더 복잡하고 난해하다. 하지만 이것은 단지 분자와 염색체에 대한 유익한 연구로 이끌었던 비판적 사고와 분석을 인간의 문제에 적용해야 할 또 다른 이유일 뿐이다.

화학반응이나 기계적인 조정과 같은 문제를 푸는데 적용하는 생각을 인류의 난제를 해결하는 데 활용할 수 있다고 제안하는 것은 아니다. 역학에서 공식으로 나타낼 수 있는 것처럼 정확한 과학적인 결과는 당연히 기대할 수 없다. 그런 생각을 적용할 수 있다고 기대하는 것은 비과학적인 일이다.

인간의 문제를 다루는 특정한 방법을 옹호하는 것이 아니다. 다만 종교, 정치, 경제, 학문 등의 분야에서 인간의 안내자가 되려는 사람들 사이에서 시류까지 세대로 밀집하지 못한 '보편적인 사고방식과 편견 없는 비판적 태도'를 주장하는 것이다.

웰스의 표현을 빌리자면, 인류의 발전은 대부분 '그럭저럭 헤쳐 나온 것'에 불과했다. 인간은 근본적이고 영속적인 편의성은 고려하지 않은 채 늘 기존의 방식을 설명하고 정당화하는데 급급해왔다. 최근 몇 년 동안 1,500만 명의 젊은이들을 죽거나 불구로 만들며 막대한 손실과 지속적인 무질서와 혼란을 초래한 전쟁은 이러한 혼돈의 결과를 보여주는 놀라운 사례이다. 그럼에도 사람들은 재앙을 초래한 과거의 상황을 변호하고 영속시키기 위해 맹목적으로 몰두하고 있는 것으로 보인다.

이번과 같은 재난의 재발을 원하지 않는다면, 이미 제안했듯이 우리에게 직면한 새롭고 전례 없는 상황에 대처하기 위해 새롭고도 선례 없는 정신 태도를 만들어내야 한다. 실질적인 인간의 행동과 조직을 이해하기 위해 우리의 정신을 완전히 재구성해야 한다. 낡은 철학, 정치 경제학, 윤리학이 우리의 관찰 결과를 왜곡시키지 못하도록 사실을 비판적이며 냉정하게 새롭게 검토해야 한다. 그 검토의 결과로서 우리의 철학을 명확하게 나타낼 수 있어야 한다.

지금 우리는 철학을 먼저 배운 다음, 그 철학에 비추어 사실들을 정당화하려고 노력한다. 실험 과학에서 위대한 작업을 시작했던 사람들처럼 우리는 이 과정을 반대로 진행해야 한다. 먼저 사실들을 직시하고 인내심을 갖고 새로운 철학이 나타나기를 기다려야 한다.

사회의 근간을 검토하겠다는 것이 성급한 재조정을 장려하거나 관여하겠다는 뜻은 아니다. 하지만 그런 검토 자체가 이루어지지 않는다면 현명하거나 필요한 재조정은 이루어질 수 없다.

기존의 사실에 대한 검토에서 역사는 현재 우리가 갖고 있는 근본적인 신념들의 기원을 밝힘으로써 정직한 사고를 할 수 있도록 우리의 정신을 자유롭게 만들 것이다. 또한, 내가 되짚어 보자고 제안하는 역사적 사실들이 우리의 사고에 지속적으로 작용하게 된다면, 현재의 사회문제들에 대한 생각과 행동에 나타나는 어리석음과 맹목성의 상당 부분을 자연스럽게 해소할 것이다. 또한 인간의 관심사를 해결하는데 필요한 과학적 태도를 개발하는데, 즉 정신을 최신 상태로 만드는데 크게 기여할 것이다.

2.
실망스러운 세 가지 개혁 방법

과거에는 사회의 개선과 공적 병폐의 치료를 위한 계획은 1) 게임 규칙의 변화, 2) 윤리적인 권고, 3) 교육이라는 세 가지 일반적인 형태를 취해 왔다. 이런 계획들이 모두 크게 실패하지 않았다면 세상은 현재와 같은 곤경에 빠져 있지 않았을 것이다.

1) 많은 개혁가들은 자신들이 '아이디어'라고 부르는 것이 의심쩍다는 것을 인정한다. 그들은 우리가 겪고 있는 문제들이 결함이 있는 조직에서 비롯된 것이며, 이는 더 효율적인 법률과 현명한 조례로 해결해야 한다고 확신한다. 악습은 금지하여 폐지하거나, 절차를 정교하게 재정비해 억제해야 한다는 것이다.
책임은 집중되거나 분산되어야 한다. 공무원의 임기는 연장하거나 단축해야 하며, 통치기구 구성원의 수를 늘리거나 줄이고, 직접 예비선거, 국민투표, 소환제, 위임에 의한 정부를 도입하고, 과거에 너무도 익숙했던 명백한 잘못을 해결하기 위해 권한을 여러 곳으로 분산시켜야 한다. 산업과 교육 분야에서는 갈등을 줄이고 효율성을 높이기 위한 행정 개혁이 끊임없이 진행되고 있다.

인간의 활동에서 조직이 절대적으로 필요하다는데 이의를 제기할 사람은 없다. 그러나 조직 개편이 가끔은 분명한 효과를 만들어내지만 기존의 병폐에 대처하지 못하거나 예상치 못한 새로운 병폐를 낳는 경우도 적지 않다. 규제와 엄격한 규율에 대한 우리의 자신감은 과장된 것이다. 우리에게 일반적으로 필요한 것은 '태도의 변화'이며, 이것이 없으면 새로운 규제는 종종 이전 상황을 그대로 방치한다.

정치인과 기업의 로비로 정부가 운영되는 것을 허용하는 한, 국회의원이 몇 명이 되든, 시장이나 주지사의 재임기간이 어떻게 되든 아무런 차이도 만들어내지 못한다.

대학에서는 새로운 학장을 선출하고 대학평의회를 새로 구성하고, 총장이나 교수진의 명목상 권한을 강화하거나 축소한다 해도 학사운영의 근본적인 흐름을 크게 바꿀 수는 없다. 그래서 우리는 신성화된 개혁의 두 번째 방법인 도덕 향상 운동으로 눈은 돌리게 된다.

2) 단순한 행정개혁에 조바심을 내거나 개혁에 대한 믿음이 부족한 사람들은 우리에게 필요한 것은 형제애라고 공언한다. 수많은 설교에서 우리는 모두 하느님 아버지의 자녀임을 기억하고 형제적 인내로 서로의 짐을 나누라고 권고한다.

자본계급은 지나치게 이기적이고, 노동계급은 감수해야 할 위험과는 상관없이 자신의 옹색한 이익에만 집착한다. 우리 모두는 서로에게 의존하고 있으며, 이를 인식하면 상호 관용과 기쁜 협력 관계가 생겨난다. 다른 사람 안에서 나의 이익을 잊도록 하자.

"어린아이들아, 서로 사랑하여라."

기독교는 1800년 이상 '하느님 아버지'를 설교했지만, 이 신조는 노예세노, 농노제도, 전쟁, 산업적 억압과 공존했다. 스토아 철학자들은 오래 전부터 '인간의 형제애'를 주장했지만, 이 가르침 역시 불평등과 억압과 함께 존재했다.

오늘날에도 용감한 성직자나 교사만이 이러한 부정을 비판할 수 있다. 사실, 우리는 동료들이 연민의 대상이 될 때 가끔은 동정심을 느끼기도 한다. 하지만 진지하게 인류 전체를 사랑한다고 말하며 우쭐해 하는 사람도 있겠지만, 개인적인 적이나 자기 나라 또는 제도의 적을 사랑한다고 감히 고백하는 사람은 정말 드물다.

우리는 여전히 부족신(tribal god)을 숭배하고 있으며, 부족신의 자손들 사이에는 적이 없다고 생각한다. 경쟁과 실패가 흔한 이 세상에서 의심과 증오는 사랑보다 우리 본성에 훨씬 더 가까우며, 그 이유는 매우 분명하다. 당연하게도 인류는 무난한 환경 속에서는 태생적인 친절함을 보여준다. 그러나 경험에 비추어 보면, 그런 품성은 도덕적 권고로는 거의 증진되지 않는 것으로 보인다. 여기에서 강조해야 하는 문제는 바로 이것이다. 인간의 형제애를 발전시키는 다른 방법이 있는지에 대해서는 뒤에서 다룰 것이다.

3) 단순한 조직 개편의 효과에 실망하고 도덕적 권고의 효력을 불신하는 사람은 무엇보다 우리에겐 '교육'이 필요하다고 주장한다. 우리에게 교육이 필요하다는 것은 엄연한 사실이지만, 현재의 교육과는 전혀 달라야 하므로 새로운 명칭이 필요하다.

교육에는 일반적으로 인식하는 것보다 훨씬 더 다양한 목표가 있으므로, 당연히 여러 가지 목표의 중요성 그리고 성공적인 달성 여부와 관련해 판단되어야 한다. 언론과 비즈니스의 세계에서는 읽고 쓰는 능력과 추리력이 기본이라는 것은 누구나 인정한다. 그리고 어느 정도 표준화된 직업에서는 생계유지를 준비시키는 기술 정보와 훈련이 있다.

이 두 가지 목표는 다양한 경제 환경과 세부적인 개선을 통해 현재의 교육 시스템에서도 상당히 잘 달성된다. 그런 다음 우리의 취향을 기르고 상상력을 자극하며 추론능력을 향상시킬 수 있는 일반적인 문화와 '정신 훈련'에 기여할 수 있는 학문들이 있다.

이런 교육 분야는 소수의 사람들에게는 매우 귀중하고 필수 불가결한 것으로 간주되지만, 다수의 사람들에게는 인생의 목표나 성공과는 거의 관련이 없는 문화적 장치쯤으로 간주된다. 오래되고 존중받는 책, 고등수학, 다소 고리타분한 철학과 역사 그리고 최근까지 고착된 오류를 헤쳐 나갈 최고의 길잡이로 여겨져 온 무난한 형태의 논리와 관련된 매우 전통적이고 회고적인 교육이 주를 이룬다. 여기에 최근 수십 년 동안 자연과학의 다양한 분야들이 추가되었다.

그러나 현재 우리의 사유교육 제도의 결과는 실망스럽다. 나처럼 그 목적에 확고하게 공감하면서 고전을 탐닉하고, 고대나 현대 언어에 대한 지식에 즐거워하며, 수학적으로 생각할 수 있는 사람들을 부러워하고, 자연과학에 관심이 있는 사람이라면 자유교육을 받은 사람들이 고전에는 관심이 없고, 외서를 즐겨 읽지 않으며, 수학적으로 생각하거나, 철학이나 역사를 좋아하거나, 짐승, 새, 식물, 암석에 대한 지적인 통찰력이 거의 없으며, 심지어 호기심조차 없다는 사실에 분개해야 한다.

이것은 이른바 우리의 '자유주의 교육'이 실패하고 표면상의 목표를 달성하지 못할 것이라는 의구심을 갖게 한다.

시민 교육과 잘못된 확신

위에 열거한 세 가지 교육 목표에는 한 가지 공통점이 있다.

모두 '개인의' 세속적인 성공 가능성을 높이거나 '개인적인' 문화와 지적, 문학적 즐거움을 증진시키기 위한 것이다. 그 목적은 우선적으로 우리가 사회적이거나 정치적인 개선에 일익을 담당하도록 만드는 것이 아니다.

그러나 최근에는 이러한 오래된 야망에 네 번째 요소, 즉 청소년들을 지적인 유권자가 될 수 있도록 준비시키겠다는 희망이 추가되었다. 이것은 모든 사람의 투표가 똑같이 중요하게 여겨지는 정치적 민주주의의 등장으로 필요하게 된 것이다.

이제 시민교육은 사회 조직의 실질적인 작동 방식에 대한 지식과 그 기원에 대한 명확한 개념, 그리고 결함과 그 명백한 근원에 대한 완전한 인식을 습득하는 것으로 이루어지는 것 같다.

하지만 여기서 우리는 과거의 교육 방식에서는 중요하지 않았지만 더 나은 시민을 만들려는 노력에서 좋은 결과를 얻는데 치명적인 장애물과 직면하게 된다. 읽기와 쓰기, 수학, 화학과 물리학, 의학과 법률과 같은 학습 과목이 상당히 표준화되고 과거 지향적이라는 것이다.

내부적으로 방법과 내용에 많은 변화가 일어나고 있는 것은 분명하지만, 눈에 띄지 않게 진행되고 있어 외부 비평가들의 관심을 끌지는 못한다. 반면에 정치 사회적 문제와 일반적인 사업 방식, 인종혐오, 공직선거, 정부정책과 관련된 문제는 중요한 사안일 경우 반드시 논란을 일으킨다.

교육청과 교육감, 대학이사회와 총장은 이러한 사실에 민감하다. 그들은 학생들이 우리의 제도에 근본적인 결함이 있을 수 있다거나 현 세대의 시민들이 변치 않는 정의의 원칙에 따라 모범적인 성공을 이루지 못했다는 사실을 어떤 식으로든 인식하고 있을 것이라는 의심을 적극적으로 부정한다.

교사가 사업가, 정치인, 의사, 변호사, 성직자 등 각자의 생계유지에 몰두하는 사람들의 자녀들에게 현재 운영되고 있는 기업의 실질적인 속성, 입법기관과 법원의 일반적인 행태, 외교 업무 수행 방식에 대해 과연 어떻게 설명할 수 있을까? 공립학교의 교사가 부정행위와 직업에 대해 적절히 주의를 기울이면서 자신이 살고 있는 지역의 정부에 대한 더 많은 사실들을 자세히 설명할 수 있을까!

그래서 정부, 정치 경제, 사회학, 윤리 과목은 불쾌감을 주지 않는 일반론과 조직에 대한 두루뭉술한 설명, 판에 박힌 도덕을 상투적으로 전달하는데 국한된다. 그래야만 논란에 휩싸이는 것을 피할 수 있기 때문이다. 교사는 우리의 사회생활과 그 전제들을 충분한 통찰력으로 정직하게 설명할 수 있는 능력과 의지가 거의 없으며, 매우 중요한 결과를 도출할 수도 없다 본질적인 사실들을 말하고 싶은 유혹을 받더라도 그들은 감히 그렇게 하지 못한다. 의로운 사람들의 박수 속에서 자칫 자신의 일자리를 잃을까 두렵기 때문이다.

중요한 이 문제를 어떻게 생각하든, 현재 구상하고 있는 시민교육의 목표가 지금까지 사회 정치적 삶의 위험요소들과 불의를 제거하는데 실패해왔던 것과 전혀 다를 바 없는 낡은 시민성을 위한 준비라는 것에 모두 동의해야 한다.

우리는 이 세상을 지금과 같은 상태로 이끌었던 현행 제도와 통념 그리고 똑같은 환상과 잘못된 확신을 다음 세대에게 교묘하게 심어주고 있기 때문이다. 현재 우리가 가지고 있는 것의 장점을 확인하려고 최선을 다하기 때문에, 우리가 갖지 못한 것을 이루어내기 위해 노력하는 더 똑똑한 세대를 육성해내기 어렵다.

우리는 모두 이것이 진실이라는 것을 알고 있으며, 최근까지 우리의 정신 속에 강하게 각인되어 있다. 우리는 대부분 그렇게 하는 것이 옳고 최선이라는 데 동의하지만, 일부는 전혀 생각조차 하기 싫어한다. 하지만 이 책에서 이런 '막다른 골목'에서 벗어날 수 있는 몇 가지 방안을 검토하는데 약간의 시간을 할애할 수 있을 것이다.

자연과학처럼
처음부터 다시 시작해야 한다

지금까지 1) 게임의 규칙을 바꾸고, 2) 선하게 살면서 이웃을 자신만큼 사랑하도록 촉구하고, 3) 시민권 교육을 통해 상황을 개선하겠다는 세 가지 주요한 희망을 간략하게 살펴봤다. 이러한 희망이 근거가 전혀 없는 것은 아니다.

하지만 지금까지는 크게 실망스러웠다는 것은 인정해야 한다. 그 희망들에 대한 확실한 존중 때문에 분명 앞으로도 계속 소중하게 여길 것이다.

단순히 성공하지 못했다고 해서 그 방법을 불신할 수는 없다. 제안된 목표를 달성하는 데 성공했는지의 여부 외에도 굳게 믿고 있는 행동방식을 결정하고 영속시키는 많은 요소들이 있기 때문이다.

늘 똑같이 그러지만 않았다면 오늘날 우리의 삶은 지금보다 훨씬 더 나아졌을 것이다. 하지만 위에서 열거한 개혁 계획이 현재의 문명사회가 처한 위기에 대처하기에는 부적절했다고 가정하는데 잠시 동의하기로 하자. 그렇다면 우리에게 다른 어떤 희망이 있을까?

우리에겐 지성(Intelligence)이 있다. 하지만 인간관계의 조정에 적용하기에는 아직 검증되지 않은 희망일 뿐이다. 아직 자연과학의 영역 밖에서는 대규모로 시도된 적이 없기 때문에 불신을 받고 있지는 않다.

모두가 인정하겠지만, 지성은 그동안 놀라운 결과를 만들어냈다. 별, 암석, 식물, 동물에 대한 연구와 기계적, 화학적 과정의 조사에 사용되어 인간이 사는 세상과 그곳에 서식하는 동물들에 대한 관념에 전면적인 혁명을 일으켰다. 이러한 발견들은 우리의 습관을 바꾸고 100년 전만 해도 왕과 백만장자조차 사치품으로 여겼던 생활필수품을 널리 공급하는데 활용되었다.

그러나 우리 대부분은 과거에 대해 너무 모르기 때문에 지성을 적용하기 위해 지불해야 했던 대가를 알지 못한다. 이러한 발견들이 이루어지고 생활의 편리함에 독창적으로 적용되기 위해서는 300년 전까지, 사실은 가장 최근까지도 가장 똑똑하고, 현명하고, 순수한 인류가 가지고 있던 세계와 세계의 작동 방식에 대한 거의 모든 신성화된 관념을 버려야만 했다.

인간처럼 일상적인 피조물이면서 인간만큼이나 잘 이해되지 않는 우주에서 지성은 종종 앞으로 나아가기 위해 용감하게 과거와 결별해야만 했다.

우리가 해야 할 일은 오랜 세월의 지혜로 단단하게 다져진 잘 설계된 토대 위에 구축하는 것뿐이라고 생각하기 쉽다. 하지만 자연과학의 역사를 공부한 사람이라면 그러한 토대를 발견하지 못한 베이컨, 갈릴레오, 데카르트가 처음부터 다시 시작해야 했다는 사실에 동의할 것이다.

위에서 언급한 개혁에 대한 희망은 모두 인간은 의롭게 행동한다는 일반적인 관념을 전제로 한다. 교회와 대학은 이러한 가정을 옹호한다. 우리의 언론인과 변호사들, 그리고 더 큰 목소리를 내는 사업가들도 이런 가정을 고수한다. 사회와 그 기원을 연구하는 사람들조차 재산, 국가, 산업 조직, 남녀 관계, 교육에 대한 현재의 이상과 기준이 사실상 최종적인 것이며, 모든 세부적인 개선의 기초가 되어야 한다고 믿는 것 같다.

그러나 이것이 사실이라면 지성은 이미 완벽한 작업을 수행해온 것이며, 현재의 기준으로도 판단할 수 있는 평화, 품위 및 공정을 추구했던 결과가 너무 실망스러웠다는 사실에 한탄할 수밖에 없다.

현재의 이상과 기준을 의심하고 심지어 거부하는 사람들도 있다. 그러나 기존의 병폐에 대한 그들의 분노는 사회주의자나 공산주의자처럼 다소 독단적인 재건 계획의 형태를 취하거나 모호한 항변과 평균적인 '지식계급'을 헐뜯는 것으로 소진되고 있다.

사회주의자나 일반적인 지식인 모두 올바른 길을 가고 있는 것 같지는 않다. 사회주의자는 인류와 인류의 행동방식에 대해 과학적 연구가 정당화할 수 있는 것보다 자신들의 신조가 더 정확하다고 생각한다. 반면에 지식인들의 태도는 필요 이상으로 모호하다.

지성이 인간의 본성과 가능성에 대한 새롭고 가치 있는 지식을 축적하고 궁극적으로 우리의 방식을 개혁하는데 필요한 행동의 자유를 가지려면, 지금 자신을 구속하는 속박에서 벗어나야 한다. 원시시대의 저주는 여전히 남아 있다. '동산의 각종 나무의 실과는 네가 임의로 먹되, 선악을 알게 하는 나무의 실과는 먹지 말라. 네가 먹는 날에는 정녕 죽으리라.'

지식을 두려워한다고 고백하는 사람은 거의 없지만, '두려움 없는 진리 추구'를 가장 자주 그리고 공개적으로 칭찬하는 대학 총장, 장관 및 언론인들은 공공도덕과 질서를 위해 금단의 나무 열매에 대한 무모한 방종을 막아야 한다고 느낀다.

지성이 세상의 빛이자 인간 최고의 영광이라는 사실을 부인하는 사람은 아무도 없다. 그러나 러셀*이 말했듯이 우리는 존경할 만한 의견과 오랜 세월에 걸쳐 검증된 지혜에 대한 지성의 무관심이 두렵다.

그가 정확하게 말했듯이 '인간을 억누르는 것은 두려움이다. 소중한 신념이 해로운 것으로 판명될까봐 두려워하고, 스스로 생각했던 것보다 존경받을 가치가 없는 것으로 판명될까봐 두려워한다.'

＊ Bertrand Russell 1872~1970. 영국의 수학자, 철학자.

이런 두려움은 자연스럽고 피할 수 없지만, 그만큼 위험하고 신뢰할 수 없는 것이기도 하다. 세상이 지금보다 훨씬 더 느리게 움직이던 시절에도 그랬듯이 인간의 계획은 더 이상 완벽하지 않다. 따라서 우선적으로 생각에 대한 다양한 제약을 없애거나 완화해야 한다.

나는 과거에 대한 존경심을 줄여 더 이상 그 시대의 지혜를 개혁의 기초로 삼아야 한다는 강박을 느끼지 않도록 해줄 비교적 쉽고 고통이 적은 방법이 있다고 생각한다.

흔히 말하는 '인류의 발견들'이라는 것에 대한 나의 신뢰는 사라졌고, 그 신뢰가 사라진 과정은 앞으로 논의를 진행하면서 분명해질 것이다. 나에겐 뚜렷하게 추천할 만한 개혁안이 없다. 지난 몇 년 동안 우리의 정신과 그 작용과 관련해 나타나고 있는 새로운 아이디어들을 소개하는 방식으로 검토할 것을 제안한다.

그런 다음 이 책의 주요 주제인 인간의 지성이 어떻게 생겨났는지를 간략히 소개할 것이다. 어느 정도의 공감과 인내심을 가지고 이 이야기를 따라가다 보면, 이미 알고 있는 입증된 사실들을 종합하여 인류가 현재 처해 있는 위태로운 곤경과 그 곤경에서 벗어날 수 있는 방법을 더 잘 이해할 수 있을 것이다.

제2부

분별력은 인간이 지닌 모든 것들 중에서도 가장 공평하게 분배되어 있다. 인간은 모두 자신이 충분히 분별력이 있다고 생각한다. 그래서 세상 모든 일에 만족하지 못하는 사람조차 대개는 이미 가지고 있는 것보다 더 많이 갖기를 원하지 않는다.

— 데카르트

3.
다양한 종류의 생각에 관하여

과거에는 시인들이, 최근에는 작가들이 지성에 관한 가장 진실하고 심오한 성찰을 해왔다. 그들은 예리한 관찰자이자 기록자이며, 감성과 정서를 바탕으로 자유롭게 판단한다. 반면에 대부분의 철학자들은 인간의 삶에 대해 기괴한 무지를 드러냈고, 정교하고 위압적이지만 실질적인 인간의 문제와는 전혀 무관한 체계를 구축해 왔다.

그들은 거의 변함없이 실질적인 사고과정을 무시했으며, 정신을 그 자체로 연구해야 하는 별개의 것으로 생각했다. 그러나 신체 작용, 동물적 충동, 야만적 전통, 유아기의 인상, 관습적 반응, 전통적 지식에서 벗어난 그런 정신은 존재한 적이 없다. 심지어 가장 추상적인 형이상학자들의 경우에도 마찬가지였다.

칸트는 자신의 위대한 작품에 《순수이성비판》이라는 제목을 붙였다. 그러나 정신에 대해 공부하는 현대의 학생에게 '순수한 이성'이란 천상의 도시를 덮고 있는 유리같이 투명한 순금처럼 신화적인 어떤 것으로 보일 뿐이다.

과거의 철학자들은 정신이 오로지 의식적인 사고와 관련이 있다고 생각했다. 파악하고, 기억하고, 판단하고, 추론하고, 이해하고, 믿고, 의지를 갖는 것은 인간 내면의 문제라는 것이었다. 하지만 최근에 우리는 파악하고, 기억하고, 의지를 갖고, 추론하는 것의 상당 부분을 알지 못하며, 우리가 인식하는 생각의 상당 부분은 우리가 의식하지 못하는 생각에 의해 결정된다는 것이 밝혀졌다.

정신은 육체와
분리될 수 없다

실제로 무의식적인 정신생활이 우리의 의식을 훨씬 뛰어넘는다는 사실이 입증되었다. 이는 다음과 같은 사실들을 생각해보면 누구에게나 지극히 자연스럽게 보인다. 곧 알게 되겠지만 정신과 육체를 명확하게 구분하는 것은 매우 오래된 무의식적이고 무비판적인 미개한 선입견이다.

'정신'은 '몸'과 매우 밀접하게 연관되어 있기 때문에 우리는

18세기 독일의 철학자 칸트. 데카르트를 비롯한 과거의 서양 철학자들은 인간의 정신은 육체와 분리되어 있다고 생각했다. 그러나 최근의 연구에 의하면 인간의 생각은, 결코 몸과 분리되지 않는다.

하나가 다른 하나 없이는 이해할 수 없다는 것을 깨닫게 된다. 모든 생각은 몸을 통해 전파되고, 반면에 신체 상태의 변화는 정신적인 태도 전체에 영향을 미친다. 소화를 거친 부산물을 충분히 배출하지 못하면 깊은 우울증에 빠질 수 있는 반면, 일산화질소 냄새를 몇 번 맡으면 초월적인 지식과 신과 같은 만족감을 느끼는 최고의 행복에 도달할 수 있다.

반대로 갑작스러운 말이나 생각은 심장을 뛰게 하거나 호흡을 방해하거나 무릎을 흐느적거리게 만들 수도 있다. 신체 분비물과 근육의 긴장과 감정 및 사고의 관계를 연구하는 전혀 새로운 학문이 발전하고 있다.

또한 우리에게는 가장 큰 어려움을 겪어야만 비로소 생각하게 되는 숨겨진 충동과 욕망, 은밀한 열망이 있다. 이것들은 무척 당혹스러운 방식으로 의식적인 사고에 영향을 미친다. 이러한 무의식적인 영향의 대부분은 아주 어린 시절에 비롯된 것으로 보인다. 나이든 철학자들은 자신들도 가장 감수성이 예민한 유아나 어린이였기 때문에 전혀 극복할 수 없었다는 사실을 잊어버린 것 같다.

　이제 심리학에 관한 현대 작품을 읽는 독자들에게 친숙해진 '무의식'이라는 용어는 과거에 집착하는 사람들에게는 불쾌감을 준다. 하지만 무의식에 특별한 의미를 부여할 필요는 없다. 무의식은 새로운 정령숭배적 추상개념이 아니다. 다만 기억할 수는 없어도 우리의 욕망과 기억 및 행동에 줄곧 영향을 미치는 과거의 모든 경험과 인상 그리고 의식하지 못하는 모든 생리적 변화를 포함하는 집합적인 단어일 뿐이다.

　우리가 언제든 기억해낼 수 있는 것은 실제로 일어났던 일들의 극히 일부분에 불과하다. 거의 모든 것을 잊지 않는 한, 우리는 아무것도 기억할 수 없다. 베르그송*이 말했듯이 뇌는 기억뿐만 아니라 건망증의 기관이기도 하다. 게다가 우리는 완전히 익숙한 것들을 망각하는 경향이 있다. 습관이 그것들을 가려버리기 때문이다. 따라서 잊혀진 것과 습관적인 것은 소위 '무의식'의 중요한 부분을 차지한다.

※ Henri Bergson 1859~1941. 프랑스의 철학자, 사회학자.

무의식적 사고와 공상

인간의 행동과 추론을 이해하고, 인간의 삶과 동료들과의 관계를 이전보다 더 행복하게 이끄는 법을 배우려면, 위에서 간략히 언급한 위대한 발견들을 무시할 수 없다.

우리는 새롭고 혁명적인 정신 개념과 자신을 조화시켜야 한다. 여전히 현재의 견해를 결정짓고 있는 과거의 철학자들은 그들이 다루는 주제에 대해 매우 피상적인 개념을 가지고 있었음이 분명하기 때문이다.

그러나 우리의 목적을 위해, 방금 언급했던 것과 부득이 언급되지 않은 많은 것들을 적절히 고려하여 정신을 주로 의식적인 지식과 지성의 측면에서 논의해볼 것이다. 즉 우리가 아는 것과 그것에 대한 우리의 태도, 즉 정보를 늘리고 분류하고 비판하고 적용하려는 우리의 성향을 검토해볼 것이다.

우리는 생각에 대해 충분히 생각하지 않으며, 우리가 겪는 혼란의 상당 부분은 생각에 대한 현재의 환상 때문이다. 철학자들로부터 얻은 인상은 잠시 잊어버리고 우리 자신 안에서 어떤 일이 일어나는지 살펴보기로 하자.

가장 먼저 눈에 띄는 것은 우리의 생각이 너무 빠르게 진행되어 그 어떤 표본도 충분히 오래 붙잡아두는 것이 거의 불가능하다는 것이다. 우리는 항상 많은 생각을 하고 있지만 생각을 공유해야 할 때, 자신을 적나라하게 드러내지 않을 생각을 쉽게 선택한다.

조사해 보면 우리는 무의식적인 사고의 상당 부분을 완전히 부끄러워하지는 않더라도 너무 내밀하고, 개인적이고, 천박하거나 사소해서 그 중 약간만이라도 쉽사리 드러내지 못한다는 것을 알게 된다. 나는 모든 사람이 그럴 것이라고 생각한다.

물론 우리는 다른 사람들의 머릿속에서 어떤 일이 일어나는지 알 수 없다. 그들은 거의 말하지도 않고 우리도 그들에게 거의 말하지 않는다. 완전히 열리는 법이 없는 말의 마개는 끊임없이 새로워지는 생각의 저장소에서 몇 방울 이상은 절대로 방출할 수 없는 것이다. 다른 사람들의 생각이 우리의 생각만큼 어리석다는 것을 믿기는 어렵겠지만, 아마도 그럴 것이다.

우리는 모두 깨어 있는 동안 늘 생각하고 있는 것처럼 보이며, 대부분 잠자는 동안에도 깨어 있을 때보다 더 어리석은 생각을 하고 있다는 것을 알고 있다. 어떤 현실의 문제로 방해받지 않을 때 우리는 '공상'에 빠져 있다. 무의식적인 공상은 우리가 좋아하는 부류의 생각이다. 생각이 제멋대로 펼쳐지도록 놓아두며 생각의 방향은 우리의 희망과 두려움, 자발적인 욕망, 욕망의 성취나 좌절, 호불호, 사랑과 미움, 원한에 의해 결정된다. 우리에게는 우리 자신들만큼 흥미로운 존재가 없다.

어느 정도 힘들게 통제되지 않는 생각은 모두 필연적으로 소중한 자아를 중심으로 맴돈다. 우리 자신과 타인들에게서 이러한 성향을 관찰하게 되는 것은 재미있으면서 애처롭다.

공상 또는 '관념연합(觀念聯合, 連想)'은 과학 연구의 주제가 되었다. 연구자들은 아직 그 결과나 적어도 그에 대한 적절한 해석에 합의하지 못했지만, 공상이 우리의 근본적인 성격을 나타내는 주요 지표가 된다는 것은 분명하다. 그것은 종종 숨겨지고 망각한 경험에 의해 변형된 우리의 본성을 반영한다.

여기서 이 문제를 더 깊게 다룰 필요는 없다. 공상이 항상 강력하고 많은 경우에 다른 모든 종류의 생각에 비해 절대적인 경쟁자라는 것을 관찰하기만 하면 된다. 연상은 분명 모든 사색에 영향을 미치며, 그 주요 집착인 자기과장 및 자기정당화 경향에 영향을 미치기는 하지만 직간접적으로 훌륭한 지식의 형성에 결정적인 역할을 한다.

철학자들은 보통 그런 생각이 존재하지 않거나 어떤 식으로든 무시할 수 있는 것처럼 이야기한다. 이것이 그들의 성찰을 비현실적이고 종종 쓸모없는 것으로 만드는 이유이다. 누구나 알고 있듯이 공상은 종종 그 다음 생각 때문에 깨지고 중단된다. 우리는 현실적인 결정을 내려야 한다. 편지를 쓸까 말까? 지하철을 탈까, 버스를 탈까? 저녁을 7시에 먹을까, 아니면 6시에 먹을까? 결정은 자유로운 공상의 흐름과 쉽게 구분할 수 있다. 때로는 신중하게 숙고하고 관련 사실을 기억해야 하는 경우도 있지만, 충동적으로 내리는 경우도 많다.

이러한 결정은 공상보다 더 어렵고 힘든 일이며, 피곤하거나 공상에 빠져 있을 때 '결심'을 해야 하는 것을 원망하게 된다. 물론 결정을 내리기 전에 더 많은 정보를 찾을 수는 있지만, 결정을 내리는 것이 반드시 지식에 무언가를 추가하는 것은 아니라는 점에 유의해야 한다.

4.
합리화

세 번째 유형의 생각은 누군가 우리의 믿음과 의견에 의문을 제기할 때 나타난다. 우리는 특별한 거부감이나 격한 감정 없이 생각을 바꾸기도 하지만, 우리의 생각이 틀렸다는 말을 듣게 되면 분개하면서 마음을 닫아버린다. 우리는 놀라울 정도로 경솔하게 신념을 갖지만, 누군가 그것을 무너뜨리려 하면 어떻게 해서든 지키려 한다. 생각 자체가 아니라 위협받는 우리의 자존심이 소중한 것이다.

우리는 본성적으로 개인, 가족, 재산, 의견 등 어떤 것이든 공격으로부터 지켜야 한다고 굳게 믿는다. 어느 국회의원은 전능하신 하느님도 남미정책에 대한 우리의 생각을 바꾸지 못한다고 말하기도 했다. 우리는 항복할 수는 있어도, 정복당했다고 고백하지는 않는다. 적어도 지적인 세계에서는 승리 없는 평화는 없다.

신념은 부적절한 증거에 근거한 믿음

신념의 기원을 연구하기 위해 노력하는 사람은 거의 없다. 실제로 우리는 그런 연구에 자연스러운 거부감을 갖고 있다. 익숙하게 진실이라고 받아들였던 것을 계속 믿고 싶어 하며, 우리의 가설에 의문이 제기될 때 분노를 느낀다. 그래서 그 가설에 집착하기 위해 온갖 변명을 찾게 된다. 그 결과 소위 추론이라고 부르는 것은 대부분 우리가 이미 믿고 있는 것을 계속 믿기 위한 논거를 찾는 작업이다.

몇 년 전 주지사의 초청으로 공개만찬에 참석했던 적이 있었다. 사회자는 주지사가 어떤 '좋은' 이유로 참석할 수 없다고 설명했고, '진짜' 이유는 추측에 맡기겠다고 했다. '좋은' 이유와 '진짜' 이유를 구분하는 것은 사고의 모든 영역에서 가장 명확하고 필수적인 것들 중의 하나이다.

우리는 공화당원이나 민주당원, 국제연맹의 지지자나 반대자라는 '좋은' 이유를 쉽게 제시할 수 있다. 그러나 '진짜' 이유는 내게 숨겨 놓은 사원에 있다. 물론 이러한 구분의 중요성은 디소 모호하긴 하지만 널리 인식되고 있다.

침례교 선교사는 불교도는 교리 때문이 아니라 우연히 불교 가정에서 태어났기 때문에 불교도가 되는 것이라고 생각한다. 그러나 어머니가 침례교회 신도였기 때문에 자신이 특정한 교리를 편애한다고 인정하는 건 자기 신앙에 대한 배신이라 생각한다. 야만인은 사람의 그림자를 밟는 것이 위험하다는 믿음을 온갖 이유를 들어 설명할 수 있고, 신문 편집자는 공산당을 반대하는 다양한 주장을 펼칠 수 있다. 하지만 두 사람 모두 자신이 왜 특정한 의견을 옹호하는지 깨닫지 못할 수도 있다.

우리의 신념에 대한 '진짜' 이유는 다른 사람들만큼이나 우리 자신도 모른다. 우리는 자라면서 종교, 가족 관계, 재산, 사업, 국가와 같은 문제에 대해 주변에서 제시하는 생각들을 단순하게 받아들인다.

주변 환경으로부터 그 생각들을 무의식적으로 받아들인다. 우리가 함께 살고 있는 집단은 끊임없이 우리 귀에 그런 신념을 속삭인다. 더 나아가, 트로터*가 지적했듯이, 이러한 판단은 추론이 아닌 암시의 결과물이기 때문에 완벽히 명확하다는 특성이 있다.

그래서 의문을 제기하는 것은, '······ 믿는 사람에게는 비상식

---

* Wilfred Trotter 1872~1939: 영국의 신경외과의사, 군중심리학의 선구자.

윌프레드 트로터는 사회심리학의 관점에서 개인의 의지를 압도하는 집단적 본능의 실체를 연구하며 '합리화의 오류'에 빠질 수 있는 군중심리를 지적했다.

적일 정도의 회의론을 전달하는 일이며, 믿음의 성격에 따라 경멸, 반대 또는 비난에 직면하게 된다. 그러므로 우리가 어떤 의견에 대해 의문을 제기하는 것이 터무니없고, 명백히 불필요하고, 유익하지 않고, 바람직하지 않고, 불쾌하거나 나쁜 일이라고 느낀다면, 그 의견은 비합리적인 것이므로 부적절한 증거에 근거한 믿음이라는 걸 알 수 있다.'

따라서 우리가 어떤 의견을 갖고 있을 때, 그 근거를 묻는 일을 어리석고, 불필요하고, 유익하지 않고, 바람직하지 않으며, 불쾌하거나 나쁜 일이라고 느낀다면, 그 의견은 비합리적인 것이다. 따라서 부적절한 증거에 근거한 믿음이라는 것을 알 수 있다.

반면에 경험이나 진지한 추론에 근거한 의견에는 '근본적인 확실성'이라는 특성이 없나 섰었을 때 닝훈의 불넘셩에 내아 토론을 듣고 있던 중, 일행 중 한 사람이 의구심을 드러내는 것에 화가 났던 기억이 있다. 지금 돌이켜보면 그 당시에 나는 영혼의 불멸성에 특별한 관심이 없었고, 내가 키워온 믿음에 동감하도록 주장할 최소한의 논거도 없었다. 그러나 이 문제에 대해 개인적인 관심이 없었고, 주의를 기울였던 적도 없었다는 사실이 '내' 생각을 의심한다는 말을 들었을 때의 분노를 막을 수는 없었다.

선입견에 대한 자발적이고 충성스러운 지지, 즉 상투적인 믿음을 정당화하기 위해 '좋은' 이유를 찾는 과정을 심리학자들은 '합리화'라고 부른다. 이것은 매우 오래된 것의 새로운 이름일 뿐이다. 우리의 '좋은' 이유는 대체로 정직한 깨달음을 촉진시키는데 아무런 쓸모가 없다. 아무리 엄숙하게 포장해도 결국 새로운 지식을 추구하거나 받아들이려는 정직한 욕구가 아닌 개인적인 선호나 편견의 결과이기 때문이다.

우리는 자신이 틀렸다고 생각하는 것을 견딜 수 없기 때문에 자기 정당화에 몰두하면서도 자신의 약점과 실수를 끊임없이 떠올린다. 그래서 주변 상황과 타인의 행동에서 잘못을 찾는데 많은 시간을 보내고, 우리 자신의 실패와 실망을 매우 교묘하게 그들에게 전가한다. 합리화는 우리 자신이나 우리 집단이 오해나 오류로 비난받을 때 나타나는 자기변명이다

나를 지키기 위해
만들어진 생각들

'나의 것'이라는 짧은 단어는 인간의 삶에서 가장 중요한 단어이며, 그것을 제대로 인식하는 것이 지혜의 시작이다. '나의' 저녁 식사, '나의' 개, '나의' 집, 또는 '나의' 믿음, '나의' 국가, '나의' 신 등 모두 다 동일한 힘을 갖는다.

우리의 시계가 틀렸다거나, 차가 허름하다는 험담뿐만 아니라 화성의 운하, '에픽테토스'의 발음, 살리신*의 의학적 가치, 사르곤 1세의 재위기간에 대한 우리의 생각도 교정 대상이 될 수 있다는 사실에 분개한다.

철학자, 학자, 과학자들은 공통적으로 '자기애(自己愛)'가 개입된 모든 결정에서 민감한 반응을 보인다. 그런 불편한 감정을 풀어내기 위해 수천 편의 논쟁적인 작품들이 발표되었다. 그들의 논리가 제아무리 그럴듯하다 해도, 가장 진부한 동기에서 비롯된 합리화일 뿐이다.

철학과 신학의 역사는 불평불만, 상처 입은 자존심, 혐오감이라는 관점에서 집필된다면 이런 주제들을 다루는 통상적인 방식보다 훨씬 더 교훈적일 수 있다.

---

* salicin: 버드나무 껍질에서 채취된 진통제 일종.

가끔은 분노라는 하찮은 충동이 위대한 업적으로 이어지기도 한다. 밀턴*은 17세 아내와의 불화 때문에 이혼에 관한 논문, 《이혼론The Doctrine and Discipline of Divorce》을 썼고, 이혼자들의 지도자라는 비난을 받았을 때 자신이 옳다고 생각하는 것을 말할 권리를 증명하기 위해 고상한 《아레오파지티카Areopagitica》**를 집필해 얼떨결에 진실을 널리 알리는 자유언론의 중요성을 확립하게 되었다.

　　지위 고하를 막론하고 모든 인간은 앞에서 설명한 방식으로 생각한다. 공상은 방앗간 일꾼과 브로드웨이 공연자뿐만 아니라 유력한 판사나 경건한 주교의 머릿속에서도 언제나 떠오른다. 지금까지 살았던 모든 철학자, 과학자, 시인, 신학자들도 마찬가지다.

　　아리스토텔레스의 가장 난해한 사변은 분명 전혀 관계없는 생각들을 조화시킨 것이었다. 그는 매우 가느다란 다리와 작은 눈 때문에 변명거리를 찾아야 했고, 매우 눈에 잘 띄는 옷과 반지를 즐겨 착용했으며 머리를 조심스럽게 정리하는데 익숙했다고 한다. 냉소주의자 디오게네스***는 성마른 영혼의 뻔뻔함을

---

*　John Milton 1608~1674: 영국의 시인, 대표작 《실락원》.

**　1644년, 언론과 출판의 자유를 주장한 팜플릿.

***　Diogenes : BC 5세기 경 그리스 철학자. 욕심없는 삶을 추구하며 한 벌의 옷만 입고 흙하리 속에서 살았다고 한다.

드러냈다. 포도주 항아리를 거처로 삼는 것이 그의 차별성이었다. 계관시인 테니슨*은 독백시 《모드Maud》를 쓰기 시작하면서 몇 년 전 불행한 투자로 재산권을 잃었던 억울함을 잊을 수가 없었다.

여기에 나열한 이러한 사실들은 위대한 사람들을 맥락없이 폄하하기 위해서가 아니라, 가장 뛰어난 인간의 정신 속에서도 온갖 생각들이 엄청난 경쟁을 펼친다는 사실을 보여주려는 것이다.

그리고 지금은 미래세대가 과거에 사회과학, 정치경제학, 정치학, 윤리학으로 통용되던 거의 모든 것을 주로 합리화된 것으로 치부할 수도 있다는 놀랍고도 불안한 의심이 제기되고 있다. 존 듀이**는 철학과 관련하여 이미 이런 결론에 도달했다.

베블런***을 비롯한 학자들은 전통적인 정치경제학의 인식되지 않은 다양한 가정들을 밝혀냈고, 이탈리아의 사회학자 파레토****는 일반 사회학을 다룬 방대한 논문에서 모든 사회과학에 영향을 미치는 유사한 논제들을 입증하는데 수백 페이지를 할

---

* Alfred Tennyson 1809~1892: 빅토리아 시대 영국의 시인.

** John Dewey 1859~1952: 미국의 실용주의 철학자.

*** T. B. Veblen 1857~1929: 미국의 사회학자, 사회평론가.

**** Vilfredo Pareto 1848~1923.

애했다. 이런 결론은 100년 후의 학생들에게 우리 시대의 몇 가지 위대한 발견들 중의 하나로 평가될 수 있을 것이다.

이것은 완전히 해결되지 않은 논제이며, 자연에 너무 반대되기 때문에 자신을 사려 깊다고 생각하는 대다수의 사람들은 매우 느리게 받아들일 것이다. 역사학도로서 나는 이 새로운 견해에 전적으로 동의한다. 사실, 17세기가 열리기 전에 다양한 자연과학이 그 시대의 종교적 정서에 맞게 합리화되었던 것처럼 사회과학도 우리 시대에도 비판적으로 받아들여진 신념과 관습을 합리화하는 것이 불가피한 것 같다.

어떤 아이디어가 오래되었고 널리 받아들여졌다는 사실이 그 아이디어에 유리한 논거가 될 수는 없다. 그러나 합리화의 가능성이 있는 사례로서 신중하게 시험해볼 필요싱을 딩징 제시해야 한다는 것은 논의를 진행하면서 분명해질 것이다.

5.
창의적인 생각은 세상을 어떻게 바꿀까

위에서 설명한 세 가지 형태의 생각과 매우 쉽게 구분할 수 있는 또 다른 생각이 있다. 이 생각은 개인적인 자기만족과 굴욕을 고려하지 않기 때문에 일반적인 공상(空想)의 특성은 없다. 많지 않은 기존의 정보를 검토하고, 관습적인 선호와 의무를 고려해 행동을 선택하면서 습관적으로 따르는 익숙한 결정으로 구성된 생각이 아니다.

우리가 소중히 여기는 신념과 편견이 단지 내 것이라는 이유만으로 지키려 하는 것은 똑같은 정신을 유지하려는 그럴듯한 변명에 불과하다. 반면에 이것은 우리의 정신을 '변화'시키도록 이끄는 독특한 종류의 생각이다.

이런 종류의 생각이 인간을 원시시대의 야만적인 부시와 비참함에서 현재와 같은 지식과 안락함의 수준으로 끌어올렸다. 이런 종류의 생각을 지속하고 더욱 확장하는 능력에 따라 현재 세계에서 가장 고도로 문명화된 민족이 처해 있는 곤경에서 벗어날 수 있는 기회가 좌우된다.

과거에는 이러한 유형의 사고를 이성(Reason)이라고 불렀다. 그러나 이 단어를 둘러싼 오해가 너무 많아서 우리 중 일부는 이 단어를 매우 의심하게 되었다. 따라서 나는 이성 대신 '창의적인 생각(creative thought)'이라는 최근의 명칭으로 대체하여 이야기하려 한다. 이런 종류의 성찰은 지식을 낳고, 지식은 세상을 다르게 보도록 하며, 세상을 개조하는데 중요한 역할을 한다는 점에서 실제로 창의적이기 때문이다.

확신보다 호기심

개인적인 선입견을 개입시키지 않고 사물을 관찰하거나 숙고하는 경우가 있다. 자신을 꾸미거나 방어하지 않는다. 즉, 구체적인 어떤 결정을 해야 할 필요도 없으며, 이런저런 믿음을 방어하지도 않는다. 그저 궁금해 하면서 지켜보는 것이며, 어쩌면 이전에는 인식하지 못하던 것을 보는 것일 수도 있다.

호기심은 다른 욕구들만큼이나 뚜렷하게 나타난다. 우리는 봉인된 전보나 누군가 열중해서 읽고 있는 편지가 어떤 내용인지, 전화나 속삭이는 대화에서 무슨 말이 오고 가는지 궁금해한다. 이러한 호기심은 질투나 의심 또는 자신이 직간접적으로 연루되어 있을지도 모른다는 생각에 크게 자극된다.

우리는 자신과 직접적인 관계가 없는 다른 사람의 일에는 상당한 관심을 보인다. 유명인의 이혼소송에 대한 보도는 몇 주 동안 뉴스가 된다. 남의 일은 소설이나 연극, 영화처럼 하나의 이야기를 구성한다. 그러나 쉽게 타인과 자신을 동일시하고 그들의 기쁨과 절망이 곧 나의 것이 되기 때문에 이것은 순수한 호기심의 예는 아니다.

또한 셜록 홈즈의 말처럼, 우리는 개인적인 이해관계가 없고 특별히 공감하지 않는 일들에 대해서도 주목하거나 '관찰'한다. 이것을 베블런*은 '한가한 호기심'이라고 명명했으며, 대개는 쓸모없는 일들이다. 지하철 맞은편에 줄을 선 사람들을 보면 충동적으로 꼼꼼히 살펴보고 제멋대로 추측하면서 그들을 규정하려는 사람들이 있다.

어떤 방에 들어서면서 양탄자의 가치, 그림의 성격, 책에서 드러나는 개성을 한눈에 알아보는 사람들도 있다. 그러나 개인적인 공상이나 명확한 목적에 지나치게 몰두하여 한가한 호기심에는 신경을 쓰지 않는 사람들이 많은 것 같다. 다방면에 걸쳐 진지하게 관찰하는 성향은 많은 동물 친족들에게서 발견할

---

* Thorstein Veblen 1857~1929: 미국 사회학자, 경제학자.

수 있다.

그러나 베블런은 '한가한 호기심'이라는 용어를 다소 아이러
니하게 사용한다. 이것은 인간이 이루어낸 거의 모든 성취의 원
천이 되는 매우 드물고 필수적인 요소일 수 있다는 사실을 깨
닫지 못하는 사람들에게만 한가한 것이다. 한가한 호기심은 지
금까지 발견되지 않은 것들을 체계적으로 조사하고 찾아내도록
만들 수 있기 때문이다. 연구는 원시적인 사냥에서 맛있는 먹잇
감을 찾는 부지런한 탐색에 불과하기 때문이다.

때때로 적절한 호기심은 창의적인 생각으로 이어져 우리 자
신의 견해를 바꾸고 더 큰 열망을 갖게 만들어 다른 사람들의
견해와 삶에 영향을 미칠 수도 있다. 한두 가지 사례를 통해 이
러한 인간의 독특한 과정을 명확히 이해할 수 있다.

갈릴레오는 상상력이 뛰어난 청년이었으며 다양한 환상을 품
고 있었다. 예술적 재능이 있던 그는 음악가나 화가가 될 수도
있었다. 수도사들과 함께 지냈을 땐 수도자의 삶을 살고 싶다는
유혹을 받기도 했다. 소년시절에는 장난감 기계에 빠져 있었으
며 선천적으로 수학에 대한 애정이 있었다. 이 모든 사실은 기
록으로 남아 있다.

열일곱 살이던 어느 날 그는 고향 마을의 성당에 들어갔다.
공상에 빠진 그는 성당의 높은 천장에서 긴 사슬에 매달려 있는

등불을 올려다보았다. 그때 설명하기 어려운 일이 일어났다. 그는 더 이상 건물, 예배자들, 예식은 물론 예술적이거나 종교적인 관심사, 아버지의 소원대로 의사가 되고 싶지는 않다는 등의 생각을 하지 않게 되었다.

그는 더 이상 직업이나 사랑하는 여성에 대해서 생각하지 않게 되었다. 흔들리는 램프를 보면서 그는 문득 '그 진동이 길든 짧든 똑같은 시간이 걸리지 않을 수도 있겠다'는 생각을 했다. 그리고 맥박을 세면서 자신의 가설을 시험해보았다. 그가 가지고 있던 시계는 맥박뿐이었기 때문이다.

그 자체로 놀라운 관찰이었지만 창의적인 생각으로 이어지기엔 충분하지 않았다. 다른 사람들도 똑같은 사실을 알아차렸지만 아직 어떤 결과를 얻지 못했을 수도 있다. 대부분의 관찰은 의미 있는 결과를 이끌어내지 못한다.

갈릴레오는 어느 농부의 얼굴에 있는 사마귀가 완벽한 이등변삼각형을 이루고 있는 것을 보았을 수도 있고, 주례 사제가 '하느님 감사합니다'라고 엄숙하게 말하는 순간 코끝에 파리가 붙은 것을 소년 같은 기쁨으로 알아차렸을 수도 있다. 실제로 창의적인 생각이 되려면 아이디어를 생각해낸 다음 '이해시켜야' 인류의 사회적 유산이 될 수 있다.

대단히 정확한 진자시계는 갈릴레오의 발견 이후에 나타난 결과물 중의 하나였다. 그 자신도 낙하하는 물체에 대한 과거의 관념을 다시 생각하게 되면서 성공적으로 논박하게 되었다.

뉴턴에게는 달이 낙하하고 있다는 것, 그리고 아마 모든 천체가 낙하하고 있다는 사실을 증명하는 일이 남아 있었다. 이것은 천사 같은 엔지니어들이 하늘을 관리하고 있다는 신성화된 모든 견해를 크게 뒤집어엎는 일이었다. 중력법칙의 보편성은 중요한 다른 자연법칙들을 찾으려는 시도를 자극하게 되었으며, 인류가 지금까지 믿어왔던 기적들에 심각한 의문을 던졌다.

요컨대, 갈릴레오와 그의 후계자들의 발견을 과감히 자신의 생각 속에 포함시킨 사람들은 새로운 하늘로 둘러싸인 새로운 지구에서 살게 된 셈이었다.

갈릴레오가 램프의 진자운동을 발견한 지 350년이 지난 1831년, 창의적인 생각의 흐름은 말굽자석의 양극 사이에 구리 원판을 장착하면 어떤 일이 일어날지를 궁금해 하는 패러데이*로 이어졌다. 원판이 회전하면서 전류가 발생하는 것을 확인한 이 실험은 당시의 완고한 사업가들에게는 가장 한가한 실험으로 보였을 것이다.

그러나 이 실험의 결과로 탄생한 발전기가 오늘 저녁에 멈춘다면, 오늘날의 사업가는 멈춰 선 자동차들이 늘어선 어두운 거리를 지나 불이 들어오지 않는 집으로 걸어가면서 과학자, 발명

* Michael Faraday 1791~1867: 영국의 물리학자, 화학자.

로마 교황청에서 재판을 받고 있는 갈릴레오. 그의 상상력과 호기심으로 시작된 과학적 도전은 다른 사람의 견해와 삶에 영향을 끼쳐 새로운 세상이 펼쳐지는 계기가 되었다.

가, 엔지니어들의 한가한 호기심이 없었다면 자신의 현대적인 공장과 광산은 없었을 것이라는 사실을 인식하게 될 것이다.

위에 제시된 창의적인 사고력의 예들은 현대 과학적 성취의 영역에 속하는 것으로 면밀하고 객관적인 생각의 효과를 보여 주는 가장 놀라운 실례들이다.

하지만 예리한 관찰을 기록하고 통찰을 구체화하여 더 고귀한 삶을 구현해낸 다른 위대한 영역도 있다. 위대한 시인과 극

작가, 그리고 현대의 작가들은 생산적인 공상에 몰두하며 자신의 발견을 기록하고 예술적으로 표현하여 많은 사람들에게 기쁨과 교훈을 주었다.

참신하고 독창적인 시나 드라마가 탄생하는 과정은 과학적 발견이 시작되고 정교해지는 과정과 유사하지만, 기질적인 차이는 분명히 있다. 회화, 조각, 음악의 기원과 발전에는 또 다른 문제들이 있다. 놀랍게도 우리는 아직 이러한 문제들에 대해 아는 것이 거의 없으며, 실제로 호기심을 갖는 사람도 거의 없다. 그럼에도 다양한 형태와 활동에서 나타나는 창의적인 생각은 인간을 인간답게 만드는 요소이다.

오랜 세월에 걸친 느리고 고통스러우며, 끝없이 낙담하게 만드는 시도가 없었다면 인간은 씨앗, 과일, 뿌리, 익히시 않은 고기를 먹고 침팬지처럼 벌거벗고 숲과 평원을 돌아다니는 영장류의 한 종에 지나지 않았을 것이다.

문명의 기원과 진보, 그리고 미래의 발전은 잘못 이해되고 오해되고 있다. 이를 교육의 주요 주제로 삼아야 하지만, 인간과 인간의 능력에 대한 우리의 생각을 재구성하고 수많은 지속적인 오해에서 벗어나려면 많은 노력이 필요하다.

둔감한 대중뿐만 아니라 도덕주의자, 신학자, 대부분의 철학자 등 시대마다 기존의 무지와 실수를 방임하고 창조적인 생각을 방해하는데 관여하는 방해꾼들이 있었다. 우리를 안심시키려는 사람들은 자연스럽게 명예와 존경을 받을 만하다고 여겨진다. 동시에 불온한 비판으로 당황하게 만들면서 우리의 사고방식을 바꾸라고 권유하는 사람들은 자연스럽게 의심의 대상이 되고 쉽사리 의심받게 된다.

개인적인 불만은 대개 우리가 처한 일반적인 상황에 대한 비판적인 질문으로 이어지지는 않는다. 어느 시대에서나 문명의 지배적인 조건들은 그 속에서 자란 사람들에게 매우 자연스럽고 불가피한 것처럼 보인다.

마른 마구간에 누워 있는 소는 건초가 공급되는 방법을 질문하지 않는다. 새끼 고양이는 도자기 접시에 담긴 따뜻한 우유를 마시지만 도자기에 대해선 아무것도 모른다. 개는 가구 발명가와 솜털 베개 제작자에 대한 고마운 마음 없이 소파 구석에 편하게 몸을 누인다.

그래서 인간도 애완용 토끼처럼 아침식사, 기차, 전화, 오케스트라, 영화, 헌법, 도덕규범, 예의범절을 단순하고 순진하게 받아들인다. 다른 사람들이 우리를 위해 이루어낸 것을 '고맙다'는 생각 없이 받아들이는 데에는 매우 유능하다.

우리는 즐거운 놀이에 최소한의 기여를 해야 한다는 의무감도 느끼지 않는다. 사실, 우리는 일반적으로 놀이가 진행되고 있다는 사실도 전혀 인식하지 못한다.

신념은 순수한 편견이다

지금까지 우리 자신에게서 쉽게 관찰할 수 있고 동료 인간들 사이에서도 계속되고 있다고 믿을 만한 이유가 있는 다양한 종류의 생각에 대해 살펴보았다. 우리는 때때로 네 가지 종류의 대단히 순수하고 눈에 띄는 예들을 파악할 수 있지만, 일반적으로 우리의 공상 속에서는 너무 혼란스럽게 뒤섞여 있어 쉽게 구별할 수 없다.

공상은 갈망, 환희, 안일함, 두려움, 의심, 실망이 반영된 것이다. 우리는 주로 자존심을 지키기 위해 고군분투하고 있으며, 우리의 천부적인 특권처럼 보이는 우월성을 주장하는데 몰두하고 있다. 참과 거짓, 선과 악, 옳고 그름에 대한 믿음은 공상과 뒤섞여 있어 그 특성과 진로를 결정하는 동일한 요소들에 영향을 받아야 한다는 것은 이상하지 않고 오히려 불가피한 일이다.

우리는 자신과 관련된 것에 대한 비판과 마찬가지로 자신의 견해에 대한 비판에 분개한다. 삶과 이상에 대한 관념은 '우리 자신의 것'으로 보이므로 반드시 진실하고 옳으며, 어떤 대가를 치르더라도 지켜야 할 것이라고 믿는 것이다.

하지만 어떤 과정을 거쳐 그런 확신을 갖게 되었는지에 대해서는 거의 생각하지 않는다. 생각해보면 대개 그 확신의 근거가 거의 없다는 것을 알 수 있다. 누군가는 러시아의 상황, 식량 공급원, 헌법의 기원, 관세의 개정, 신성로마 사도교회의 정책, 근대적 기업 조직, 노동조합, 피임, 사회주의, 국제연맹, 초과이익세 등에 대한 올바른 생각을 갖추기 위해 나름의 노력을 했다고 정당하게 주장할 수 있을 것이다.

하지만 아주 예외적인 사람만이 이 몇 가지 문제들에 대한 의견을 밝힐 자격이 있을 것이다. 하지만 우리 대부분은 이런 문제들은 물론 중요한 많은 문제들에 대해 저마다의 의견을 갖고 있으며, 그것들 중 우리가 제대로 아는 것은 훨씬 적을 것이다.

토론이 시작되면 자존심이 강한 우리는 어느 한 편을 들어야 한다는 강박을 느낀다. 심지어 우리 자신의 전지전능함에 놀라기도 한다. 별다른 생각도 해보지 않았지만 법률 제정을 통해 피임을 막는 것이 가장 공정하고 편리하다는 것을, 멕시코에 대한 개입을 비난하는 사람이 명백히 잘못되었다는 것을, 대기업에게는 대형광고가 필수적이며 대기업은 이 땅의 자존심이라는 것을 즉시 알아차리곤 한다. 신과 같은 존재로서 우리는 왜 이런 전지전능함을 기뻐하지 않는 것일까?

어떤 경우이든 중요한 문제들에 대한 우리의 신념은 지식이나 비판적 사고의 결과가 아닐 뿐만 아니라 이기심에 좌우되는 경우가 많다는 것은 분명하다. 적절한 의미로 보자면 대부분의 신념은 '순수한 편견'이며, 우리 스스로 편견을 만드는 것도 아니다.

편견은 '무리의 속삭임'이다. 우리는 편견에 대해 아무런 책임이 없으며 책임질 필요도 없다. 편견은 실제로 우리 자신의 생각이 아니라 우리보다 더 많은 정보도 없고 뚜렷한 견해도 없는 사람들이 우리처럼 부주의하고 굴욕적인 방식으로 얻게 된 생각이다. 그런 의견들은 전혀 존중할 만한 것이 아니라고 밝혀질 수 있으므로, 자신의 생각을 수정하고 그 생각에 집착하지 않는 것이 우리의 자부심이 되어야 한다.

앞서 언급한 것들을 고려할 때, 안일한 믿음은 반성해야 한다. 어느 영국 작가는 이렇게 말했다.

> 식탁에서 잘못된 도구를 사용할까봐 두려워하는 것만큼 검증할 수 없는 의견을 두려워한다면, 편견을 품고 있다는 것을 더러운 질병처럼 역겨워한다면, 피암시성(被暗示性)의 위험은 장점으로 바뀔 것이다.

이 글의 목적은 무리의 생각이 어떻게 축적되어 왔는지를 간략하게 설명하는 것이다. 나로서는 이것이 우리가 줄곧 의존하고 있는 오래된 생각들을 적절하게 의심하는 것이 가장 훌륭하고, 가장 쉽고, 가장 해롭지 않은 교육 장치인 것 같다.

우리가 특정한 신념을 갖게 된 이유를 설명해주는 '진짜' 이유는 주로 역사적인 배경에 있다. 예를 들어 전통적, 종교적, 도덕적 신념이나 재산권, 애국심, 국가적 명예, 국가 등 실제로 사회와 관련된 가장 중요한 의견은 이성적인 고려가 아니라 사회적 환경에서 무의식적으로 흡수된 것들이다. 그 결과로 '원초적 확신'이라는 특성이 있는 신념을 의심하거나 비판하면 우리는 화를 낸다. 무리의 속삭임을 숭배하는 한 그것들을 냉정하게 검토할 수 없으며, 오늘날 우리가 처해 있는 새로운 상황과 사회적으로 급박한 사안에 적용할 수 있는지를 따져볼 수 없다.

신념의 '진짜' 이유에 대한 기원과 역사를 명확히 한다면 이러한 감정적 거부감을 없애고 편견과 선입견에서 벗어나는데 많은 도움이 될 수 있다.

일단 우리의 전통적 신념을 비판적으로 검토하게 되면, 일부는 경험과 정직한 추론에 의해 유지되는 반면, 다른 일부는 새로운 조건과 더 확장된 지식에 맞게 수정되어야 한다는 것을 알게 될 것이다.

경험과 현대 지식에 비추어 비판적으로 검토하고 '원초적 확신'의 감정에서 벗어난 후에야 비로소 '미덕'이 우리 의견의 '진짜' 이유라고 주장할 수 있다.

오랫동안 전해져온 사상을 전반적으로 검토하는 것이 경솔하게 어떤 생각들을 받아들이지 않게 한다거나 받아들였다는 이유만으로 그 생각들을 맹목적으로 옹호하지 않게 될 것이라 생각하진 않는다.

그러나 다시 생각해볼 것을 제안하는 것들이 우리의 사고에 통합되고 인간사에 대한 일반적인 사고방식으로 확립된다면, 전통적인 정서와 이상에 대한 막연한 책임감에서 벗어나는데 많은 도움이 될 것이다. 창조적인 생각에 빠져들 수 있는 사람은 많지 않지만, 적어도 열등한 생각과 구별할 수 있으며 과거의 가장 큰 보물이자 미래의 유일한 희망으로서의 가치를 인정할 수 있는 사람은 있다.

제3부

야만인은 신체적, 정신적 기질과 사회생활의 형태가 모두 우리와 매우 가깝다. 부족사회는 사실상 지연된 문명이며 야만인은 동시대의 조상이라 할 수 있다.

— 윌리엄 토머스

6.
우리의 동물적 유산, 문명의 본질

문명화된 인간의 정신에는 동물의 정신, 어린아이의 정신, 야만인의 정신, 전통적인 문명인의 정신 등 내 가지 역사적 충위(層位)가 있다.

우리는 모두 동물이며 결코 동물이 아닐 수 없다. 가장 감수성이 예민한 나이에 어린아이였던 우리는 결코 그 영향을 극복할 수 없다. 인류의 조상은 사실상 전 인류의 존재 기간인 50만~100만 년 동안 야만인으로 살았으며 원시적인 인간의 정신은 항상 우리와 함께한다. 마지막으로 정교한 문명 속에서 태어난 우리는 모두 문명의 끊임없는 압박에서 절대로 벗어날 수 없다.

기초가 되는 이 네 가지 정신에는 저마다 특별한 과학과 적절한 학문이 있다. 첫 번째는 동물학 또는 비교심리학, 두 번째는 유전학 및 분석심리학, 세 번째는 인류학, 민족학, 비교종교학, 네 번째는 철학, 과학, 신학, 문학의 역사에서 다루고 있다.

우리는 이러한 기초적인 정신을 뛰어넘을 수도 있고, 새로운 지식으로 그 학문들을 비판하고 심지어 성공적으로 초월했다고 생각할 수도 있다. 하지만 올바르게 판단한다면, 실제로는 그것들이 우리에게 미치는 영향을 피할 수 없다는 것을 알게 된다. 특별히 호의적인 조건에서만 인위적이고 불확실하게 초월할 수 있다.

우울, 분노, 두려움, 또는 일상적인 짜증은 우리가 이 네 가지 토대 위에 세운 구조물이 모두 불안정하다는 것을 입증한다. 종교, 사랑, 전쟁, 그리고 사냥과 같은 근본적이고 지극히 중요한 집착은 인류의 역사에 깊이 숨겨져 있는 충동을 자극하여 이성적인 추론의 개입을 효과적으로 거부한다.

정신은 문명과 함께 확장된다

우리의 모든 공상과 가장 엄격하고, 고상하며, 각성된 성찰에도 형제보다 더 가까이 들러붙어 질투심에 차 조급하게 바라보는 세 명의 무자비한 동반자인 야생 원숭이 같은 조상, 장난기 많고 투정부리는 어린아이 그리고 야만인이 있다.

우리는 어느 순간 이 오래된 친구들 중 일부 또는 전부에 내한 따뜻한 동지애에 휩싸여 예전처럼 다시 한 번 그들과 함께 흥겹게 어울릴 수 있다는 사실에 무한한 안도감을 느낀다. 그리스 철학자나 문인, 신플라톤주의 신비주의자, 중세 수도사는 모두 이런 오래된 친구들과 타협하는 법을 배운 사람들이었다.

소위 지성인의 정신이 축적되어온 과정을 되짚어보기 전에, 문명이란 무엇이며 왜 인간만이 문명화될 수 있었는지 살펴볼 필요가 있다. 정신은 문명과 함께 확장되어 왔으며, 문명이 없었다면 일반적으로 통용되는 의미의 인간의 정신은 존재하지 않았을 것이라고 추측해 본다.

다양한 증거를 연구하고 오래된 편견에서 벗어난 사람들은 인류의 혈통을 거슬러 올라가보면 인류의 조상에겐 문명이 없었다는 사실을 인정한다. 즉, 동물학적으로 밀접하게 연결된 현재의 영장류와 마찬가지로 언어도 없고, 헐벗고, 집도 불도 도구도 없이 살았다는 것이다.

이것은 현재의 인간을 설명하려는 시도에서 결코 무시할 수 없는 가장 완벽하게 입증된 역사적 사실이다. 우리는 모두 하등 동물의 후손이다. 더 나아가 우리는 동물적 육체뿐만 아니라 동물적 정신도 지니고 있다. 그리고 이 동물적 육체와 정신은 가장 명민하고 세련된 지적인 삶조차 강제로 멈추게 하는 근원적인 기반이다.

굶주림과 목마름, 수면의 절박함 특히 성적 갈망과 같은 인간의 가장 기초적인 욕망들은 야만적인 것으로 분류할 수 있다. 우리는 맹목적인 동물적 분노와 때리기, 물어뜯기, 긁기, 울부짖기, 으르렁거리기 그리고 비이성적인 두려움과 굴욕적인 도피에 대해 알고 있다.

우리는 고등동물과 감각을 공유하고, 그들과 매우 유사한 눈과 귀, 코와 혀, 심장, 폐를 비롯한 내장, 네 개의 팔다리가 있다. 동물에겐 비록 우리만큼 뛰어나지는 않지만, 크게 도움이 되는 두뇌도 있다. 그러나 동물의 정신에 대해 말할 때 짐승과 인간 사이의 또 다른 유사점을 생각해야 한다.

모든 동물은 학습한다. 아무리 미개한 동물이라도 경험을 통해 무언가를 얻을 수 있다. 모든 고등동물은 특정 상황에서 호기심을 나타내며, 이러한 충동은 모든 인간과학의 근간이 된다.

또한 일부 고등동물, 특히 유인원과 원숭이는 만지작거리고 더듬어 찾는 것을 무척 좋아한다. 언제나 움직이며 쉽게 지루해 하고 자연스럽게 이런저런 시도를 한다. 따라서 무의식적으로 무언가를 발견하고 때로는 새롭고 유익한 행동 습관을 형성한다. 원숭이, 고양이, 개가 단순히 더듬거리는 행동으로 먹이를 얻는 방법을 터득하게 되면, 배고플 때 보상이 있는 이 행동을 '떠올리게' 된다.

손다이크*는 이것을 '시행착오를 통한 학습'이라고 명명했다. 인간이 문명화되지 않은 동물 친족들과 공유하는 타고난 호기심은 과학적, 철학적 추론으로 이어지는 원초적 충동이며, 활동적인 유인원의 더듬거리는 행동은 현대의 체계적인 실험적 연구로 이어졌다. 호기심이 부족하고 더듬거리는 성향이 없는 동물은 결코 고도로 발달한 문명과 인간과 같은 지능을 발전시킬 수 없었을 것이다.

인간의 원초적인
동물적 본성과 문명화

그런데 왜 모든 동물 중에서 인간만이 문명화가 되었을까? 학자들은 종종 이 주제를 피해왔지만, 그 이유는 그리 먼 곳에 있지 않다. 모든 동물은 시간과 경험을 통해 어느 정도의 지혜를 얻지만 한 유인원의 경험이 다른 유인원에게 이익이 되지는 않는다. 동물들 사이의 학습은 '개별적'으로 이루어지며, '협력'하거나 '축적'되지 않는다. 흔히 알려져 있는 것과는 달리 개나 유인원은 다른 개체로부터 배우지 않는다.

최근 몇 년 동안 이와 관련된 많은 실험이 시도되어 왔으며 이론으로 잘 확립되어 있는 것 같다. 사소한 예외가 있을 수 있

---

* Edward Thorndike 1874~1949: 동물의 행동을 연구한 미국 최초 심리학자.

지만, 유인원이 인간에 가까운 신체적 장치를 가지고 있음에도 불구하고 최소한의 문명도 갖지 못한다는 사실은 모방을 통한 지식의 축적이 불가능하다는 것을 보여준다.

인간은 유인원의 다양한 감각기관과 놀라운 조작능력을 갖고 있다. 이러한 필수요소에 침팬지보다 훨씬 더 정교한 두뇌가 더해져 유인원이 할 수 없는 일, 즉 모방을 통해 연상(聯想)을 할 수 있을 만큼 명확하게 사물을 '파악할' 수 있게 되었다.

인류가 문명의 전례 없이 중요한 첫 걸음을 내딛을 때 무의식중에 어떤 방식을 취했을 것인지 상상해볼 수 있다. 활동적인 초기의 원시인이 돌이나 조개껍질의 가장자리로 나뭇가지의 껍질을 긁어내고 마침내 뾰족하게 만들게 된 모습을 상상해 보자. 그런 다음 어떤 동물을 찾아 아무런 이유 없이 충동적으로 막대기로 찔러보다가 그 동물의 몸통을 관통한다는 것을 발견했을 것이다. 만약 막대기를 날카롭게 갈아서 사용한다는 다양한 요소들을 상황에 맞게 조합할 수 있다면, 조잡하지만 창이라는 발명품을 만들게 되는 것이다.

특별히 예리한 방관자는 그 과정을 이해하고 모방할 수 있다. 다른 사람들이 그것을 따라하고 그 습성이 부족에 정착되고 전통이 된다. 그래서 다음 세대에 전해진다면 문명화의 과정, 즉 특징은 알아차리고 상황을 분석하는 인간의 학습과정이 시작되는 것이다.

막대기를 갈아내는 이 단순한 과정에는 도구와 나무껍질, 뾰족한 끝과 인공적인 무기라는 '개념들'이 포함되어 있다. 그러나 식물학자가 나무껍질을 구성하는 다양한 층을 구분하거나, 창을 대신할 총검에 대한 아이디어를 얻기까지는 무척이나 오랜 시간이 지나야 했다.

최근 들어 교육받지 않은 인간의 원초적 동물적 본성, 즉 문명화된 공동체에서 습득한 것과는 무관하게 단순한 피조물로서 인간은 어떤 자원을 가지고 있는가 하는 문제에 상당한 관심이 집중되고 있다. 이 질문은 만족스럽게 공식화하기 어렵고 대답하기는 너욱 어렵다. 하지만 인긴의 다고난 '본능'을 일일이 열거하지 않더라도 문명은 인간의 타고난 성향과 충동 위에 구축되었다고 가정해야 한다.

아마 이러한 본능은 대대로 거의 동일하게 유지될 것이다. 조상들의 문명이 인간의 타고난 본성에 영향을 미친다는 생각은 이제 거의 완전히 폐기되었다. '우리는 모두 전적으로 미개한 상태로 태어난다.'

오늘날 '가장 훌륭한' 가정에서 태어난 유아들을 유인원이 키운다면 아이들은 전혀 문명을 누리지 못하게 될 것이다. 심지어 그 유인원과 유아들이 현재 미개한 야만적인 문화라고 취급되는 수준에 도달하는데 얼마나 많은 시간이 걸리게 될지 알 수도 없다.

　인간은 본래 '진보적인' 동물이 아니기 때문에 문명화라는 고된 과업을 전혀 새롭게 수행해야만 할 것이며, 유리한 조건이 형성되지 않는다면 문명화는 전혀 이루어지지 않을 수도 있다. 유인원은 다른 모든 동물 종족의 성향을 공유하면서 난관을 극복하고 자기 종족을 번식시켜야만 한다.

　많은 사람들이 동물의 생존 조건에 대해 관심을 갖는다. 윌리엄 제임스*, 맥두걸**, 심지어 손다이크가 제시하는 인간의 본성에 관한 설명을 읽다보면 미개한 생활에 대한 묘사보다는 인간의 가능성에 대한 인상적인 생각을 얻게 된다.

　캠핑을 떠날 때 우리는 문명에서 벗어난다고 생각하면서, 정작 상세한 여행안내서와 100년 전에는 이용할 수도 없었던 인공적인 사치품들로 가득 찬 여행가방은 까맣게 잊는다.

　스웨덴 성냥, 브라질 커피, 캐나다 베이컨, 캘리포니아 복숭아 통조림, 탄창 소총, 관절식 낚싯대, 손전등으로 소박한 생활을 즐긴다. 매끈한 옷을 입고 베르그송의 견해나 로렌스***의 마지막 이야기에 대해 토론한다. 우리는 순진하게도 야외에서 생

＊　William James 1842~1910: 미국의 심리학자, 철학자.

＊＊　William McDougall 1871~1938: 영국의 사회심리학자.

＊＊＊　David Lawrence 1885~1930: 영국의 소설가, 시인, 비평가.

활하거나 평소보다 덜 튼튼한 거처에 머물면서 단지 시냇가에 가서 물을 떠와야 하기 때문에 '원시적'인 상황으로 돌아간다고 천진난만하게 상상한다.

하지만 홉스*가 말했듯이 인간의 유산은 본래 '조잡하고, 더럽고, 잔인하고, 부족한' 것이다. 동물처럼 산다는 것은 맨몸으로 노동에 의존하는 것이며, 덤불 속에서 축축하거나 춥거나 가시에 맨다리를 긁혀도 크게 신경 쓰지 않는 것이다. 뿌리와 씨앗을 날것으로 먹고 고양이처럼 새를 물어뜯어야 한다. 미개한 삶을 느껴보기 위해 어느 정도 문화가 발달한 야만인들이 실제로 굶주렸을 때 어떤 상황에 빠질 수 있는지 생각해 보자.

루이스**와 클라크***의 탐험일지에는 백인들이 사슴을 사냥한 이야기가 등장한다. '이 소식을 들은 쇼쇼네족(Shoshones)은 피투성이인 사슴 내장이 버려진 곳으로 허겁지겁 달려가 굶주린 개처럼 서로 뒤엉켰다. 어떤 사람은 간을, 어떤 사람은 콩팥을 뜯어 먹기 시작했고, 한마디로 우리가 혐오스럽게 피하는 부위는 하나도 남김없이 먹어치웠다. 긴 창자를 움켜쥔 사람은 한쪽 끝을 씹으면서 다른 쪽 끝은 손으로 내용물을 열심히 밀어내고 있었다.'

---

* Thomas Hobbes 1588~1679: 영국의 정치철학자.

** Meriwether Lewis 1774~1809: 미국의 탐험가.

*** William Clark 1770~1838: 미국의 탐험가.

이 탐험일지에는 단순한 동물적 행위의 또 다른 놀라운 예도 등장한다. '짐을 실은 말 두 마리를 끌고 가던 여자들 중 한 명이 개울가에서 멈춰 서더니 다른 동료에게 말을 넘겼다. 길잡이에게 그 여자가 멈춰 선 이유를 묻자, 별일 아니라는 듯 아기를 낳으려 멈췄지만 곧 우리를 지나쳐 갈 것이라고 대답했다. 실제로 한 시간쯤 지나 갓 태어난 아기를 안고 캠프에 도착한 그녀가 건강한 모습으로 우리를 지나쳐 가는 것을 보고 깜짝 놀랐다.'

이것이 단순한 삶이며 문명이 시작되기 전 우리 조상들의 삶이었다. 역사가 기록되기 전 오랫동안 이어져왔던 최선의 삶이었다. 문명이 없었다면 지금 지구상에 존재하는 모든 인류가 즉시 되돌아가게 될 삶이었다. 이것이 인류의 출발점이었다.

수십만 년에 걸쳐 축적된
인간의 정신

그렇다면 정신은 어떨까? 교육을 받지 못한 우리 조상들의 머릿속에서는 무슨 일이 일어나고 있었을까? 그들에게도 인간의 두뇌가 있었기 때문에 우리와 어느 정도 비슷한 생각을 하고 비슷한 판단을 내렸을 것이라 가정하는 오류에 빠지기 쉽다.

데카르트나 루소*같은 저명한 철학자들도 이런 오류를 범했다. 이런 가정은 검증을 통과하지 못한다. 상상력을 발휘해 정말 원시적인 정신으로 돌아가려면 당연히 유아기부터 받아온 교육의 결과로서 쌓인 모든 지식과 모든 식별력과 분류법을 처음부터 배제해야 한다.

또한 우리의 원시 조상이 사물에 이름을 붙이고 그것에 대해 말로 표현할 수 있는 단어들이 없었다는 것을 기억해야 한다. 그들에게는 언어가 없었으며, 다른 동료들보다 더 많은 것을 아는 것도 아니었다.

살아 있는 동안 각자의 능력에 따라 배웠지만 현재 우리가 말하는 의미의 교육은 불가능했다. 그들이 보고 듣는 것은 우리가 보고 듣는 것과는 달랐다. 명확한 생각 없이 맹목적이고 충동적인 방식으로 여러 가지 상황에 대응했다. 요컨대, 늑대나 곰처럼 '생각'했고, 늑대나 곰처럼 '생활'해야 했었다.

널리 퍼져 있는 동물의 지능에 대한 생각도 조심스럽게 받아들여야 한다. 올빼미가 판사만큼이나 현명해 보일 수 있다. 원숭이, 카나리아 또는 콜리의 눈은 밝아서 길거리에서 마주치는 대부분의 인간보다 훨씬 더 빈틈이 없어 보인다. 우리가 다람쥐를 바라보는 것처럼 다람쥐도 우리를 바라보는 것처럼 보인다. 하지만 다람쥐는 우리가 보는 것과 똑같은 것을 볼 수 없다. 다

* Joan Jacques Rousseau 1712~1778: 프랑스의 계몽철학자

람쥐에게 인간은 땅콩에 대한 막연한 암시 이상의 것이 될 수 없다.

개는 자동차를 인식하며 자동차에 타게 할 수 있다. 그러나 휘발유 냄새와 마구간 냄새를 구별한다는 것 외에는 개의 자동차에 대한 인식은 고대의 마차와 다르지 않을 것이다. 우리는 병에 걸렸거나, 술에 취했거나, 극도로 흥분했을 때만 인간의 정교함과 분석에서 벗어나 동물의 충동적인 반응을 경험해볼 수 있다.

존 로크*는 인간이 처음에는 단순한 생각들을 얻은 다음 더 복잡한 개념으로 결합하여 최종적으로 일반화하거나 추상적 생각으로 만든다고 생각했다.

그러나 이것은 인간의 지식이 생겨난 방식이 아니다. 인간은 일반적인 상황에 대한 단순한 인상에서 시작하여 점차 사물을 다루는 능력에 의해 특징을 발견했으며, 이름을 붙임으로써 더 명확하게 만들었다. 우리는 어떤 것을 배울 때 이 과정을 계속 반복한다. 타자기는 처음에는 단순한 물체라는 인상을 받지만 점차 불완전하게나마 부품들을 구분할 수 있게 된다. 타자기를 만든 사람만이 모든 레버, 바퀴, 기어, 베어링 및 조정장치에 이름을 붙이고 그 복잡성을 완전히 알고 있다.

---

* John Locke 1632~1704: 영국의 정치철학자.

존 스튜어트 밀*은 정신의 주요 기능은 추론이라고 생각했다. 그러나 구별하는 것 역시 기본적인 기능으로, 처음에는 하나로만 보였던 사물이 실제로는 매우 많다는 것을 알아차리는 것이다. 이러한 분석 과정은 인간이 이룩한 최고의 업적이었다. 이것이 바로 인간의 정신을 성장시킨 것이다.

인간의 정신은 수십만 년에 걸쳐 점진적으로 축적되고 힘겨운 과정을 거쳐 형성되었다. 인간은 문화적 제로 상태에서 시작하여 모든 것을 스스로 알아내야 했다. 극히 소수의 활동적이고 모험적인 사람들이 그 일을 해냈다.

대다수의 인류는 주입받고 영속시키는 매개체의 역할을 하는 것 외에는 지능의 발달과 아무런 관련이 없었다. 창조적 지능은 극소수에게만 국한되어 있지만, 다수는 예외적으로 지능이 높은 사람들의 업적을 별다른 생각 없이 활용할 수 있다.

유인원도 문명화된 환경에 적응할 수 있다. 침팬지는 자전거나 롤러스케이트를 결코 발명할 수도, 이해할 수도, 재현할 수도 없지만 즐기도록 가르칠 수는 있다. 인류도 마찬가지다. 우리 대부분은 우리 주변에 있는 일상용품과 사치품을 발명할 수도, 이해할 수도, 재현할 수도 없다. 우리들 중에는 전등을 만들거나, 전등 밑에서 읽을 좋은 소설을 쓰거나, 전등을 비출 그림

* John Stuart Mill 1806~1873: 영국의 공주리주의 철학자, 경제학자.

을 그릴 수 있는 사람은 많지 않다.

최근 기딩스* 교수는 '대체 왜 역사가 있었을까?'라는 질문을 던졌다. '좋은', '존경할 만한'이라는 단어는 일반적으로 오래된 관행과 동의어이며, 오래된 것은 언제나 새로운 것을 억압한다는 점을 고려할 때, 왜 역사가 있었을까? '유서 깊은', '신성화된', '존경받는'과 같은 멋진 인정의 언어는 모두 신선한 발견보다는 위대한 시대를 연상시킨다.

태초에도 그랬고, 지금도 그렇고, 앞으로도 그럴 것이며, 우리의 생각이나 습관을 바꾸도록 강요하는 것들에 대한 저항은 계속될 것이다. 따라서 역사, 즉 이른바 변화는 주로 소수의 '선각자'에 의해 이루어졌으며, 그들의 타고난 호기심은 동료들의 호기심을 능가하여 당대의 신성화된 맹목에서 벗어나도록 이끌었다.

선각자는 동식물을 포함한 모든 생물 종에서 발생하는 생물학적 '변이'의 한 예일 뿐이다. 그러나 우리 정원의 유난히 큰 장미, 더 빠른 말, 더 영리한 늑대는 그 특유의 우월성으로 동료들에게 영향을 미칠 수 있는 수단이 없다. 그들의 자손은 이런 우월성을 어느 정도 공유할 수는 있겠지만, 다른 개체들은 이전과 똑같이 이어질 것이다.

---

* Franklin Giddings 1855~1931: 미국의 사회학자.

성 프란체스코*, 단테, 볼테르, 또는 다윈으로 대표되는 특이한 변이는 오랜 세월 동안 영구적으로 수많은 열등한 종들의 성격과 야망을 어느 정도는 변화시킬 것이다. 열등한 종은 스스로는 어떤 것도 만들어낼 수 없지만 다른 종의 가르침으로 약간의 변화를 겪을 수 있다. 이것은 인류의 문화와 창조적인 지능의 마법적이고 독특한 작용을 설명해준다.

우리는 정신의 발달이라는 고된 과정의 시작을 알린 문명에 대한 최초의 공헌이 언제 어디서 이루어졌는지 알 수 없다. 처음으로 동물의 정신을 초월한 인간은 우리보다 정신 능력이 열등했겠지만, 현재의 인류만큼 두뇌가 우수했다 해도 현대문명을 축적하는 매우 느리고 위험한 과정이 크게 단축되지는 않았을 것이다.

인류는 둔감하고, 쉽게 일상에 얽매이며, 소심하고, 혁신을 의심한다. 이것이 인간의 본성이다. 인간은 인위적으로, 부분적으로 그리고 아주 최근에야 '진보적'인 존재가 되었다. 인간은 거의 평생을 야만적인 사냥꾼으로 살아왔으며, 그처럼 무지한 상태에서 인간 정신의 타고난 약점들을 엄청나게 드러냈다.

※ S. Francois 1181~1226: 중세 후기 이탈리아의 프란체스코 교단의 창립자.

7.
우리의 야만적인 정신

현재의 신념과 견해를 시대를 기준으로 정리해 보면, 원시시대까지 거슬러 올라가는 아주 오래된 것과, 그리스인에게서 유래한 것이 있으며 중세에서 직접 전해진 많은 것들이 있다. 반면에 약 300년 전 자연과학이 새로운 형태로 발달하기 전까지는 알려지지 않았던 것들도 있다.

인간에게 육체의 죽음 이후에도 살아남는 영혼이 있다는 생각은 대부분의 야만인이 받아들였던 매우 오래된 것이다. 인문학, 형이상학, 형식 논리에 대한 우리의 확신은 그리스 사상가들에게서 비롯된 것이며, 종교적 사상과 성적 행위에 대한 기준은 주로 중세적인 것이다. 전기와 질병 그리고 세균에 대한 생각은 당연히 지근의 것으로, 오랫동안 인정되었던 많은 개념들을 거부하며 이루어낸 장기간에 걸친 연구의 결과물이다.

일반적으로 인간의 본성, 올바른 행동, 신과 동료들과의 관계에 관해 거의 보편적으로 받아들여지고 있는 생각들은 별의 움직임, 암석의 지층화, 동식물의 생명과 관련된 생각들보다 훨씬 더 오래되었지만 훨씬 덜 중요하다.

인간은 여전히
야만 상태에 가깝다

신성화된 생각의 굴레에서 벗어나려면 올바른 역사적 관점에서 인간의 성취를 명확하게 이해하는 것이 가장 중요하다. 이를 위해 인류가 이루어낸 점진적이고 고된 성취를 한 사람의 생애로 압축하여 상상해 보자. 한 세대의 인간들이 현재 문명이라 부르는 모든 것을 50년 동안 축적했다고 가정해 보는 것이다.

모든 개인들이 그렇듯 그들은 전혀 문명화되지 않은 상태에서 시작해야 한다. 그들의 임무는 적어도 50만 년 동안 인류가 겪었던 발달 단계를 되풀이하는 것이므로, 한 세대의 생애에서 각각의 1년은 종족의 진보에서 1만 년에 해당한다.

이 정도 비율이라면 이 세대가 방랑하는 사냥꾼의 오래된 습관을 버리고 여기저기 정착해 땅을 경작하고 농작물을 수확하고 동물을 길들이고 거친 의복을 짜는데 필요한 지능을 갖추기까지 49년이 걸렸을 것이다.

6개월 후, 즉 50년째 해의 반이 지날 무렵, 그들 중 일부는 특별히 호의적인 상황에서 문자를 발명하여 문명을 전파하고 영속시키는 새롭고 놀라운 수단을 확립했을 것이다. 3개월 후 다른 그룹은 문학, 예술, 철학을 세련되게 발전시켜 다음 세대를 위한 표준을 정립했을 것이다. 두 달 동안은 기독교의 축복 아래 살았을 것이며, 인쇄기는 불과 2주 정도, 증기기관은 겨우 일주일쯤 사용했을 것이다. 이틀이나 사흘 동안 그들은 증기선과 기차를 타고 전 세계를 돌아다녔을 것이고, 겨우 어제쯤이 되어서야 비로소 마법 같은 전기의 발전 가능성에 눈을 떴을 것이다.

지난 몇 시간 동안 하늘과 물밑으로 이동하는 법을 배웠을 것이며, 자신들의 높은 이상과 새로운 자원에 어울리는 엄청난 규모의 전쟁을 실행하는데 최신의 발견들을 즉시 활용했을 것이다. 불과 일주일 전만 해도 그들은 집권당과 의견이 다른 사람들을 불태우고 산 채로 묻었으며, 정부에 대한 새로운 사상을 가진 사람들을 공개적으로 색출하고, 악마와 거래했다는 혐의를 받는 늙은 여성들을 교수형에 처했으니 대규모 전쟁이 그리 이상한 일은 아니다.

이들은 모두 1년 전만 해도 떠돌아다니는 야만인들과 다를 바가 없었다. 그들의 지식은 너무 최근의 것이어서 깊이가 없었으며, 많은 교육기관과 지도자들은 낡은 관념을 영속화하는데 온힘을 기울이고 있었다.

최근까지 변화는 느낄 수 없을 정도로 너무 느리게 진행되어 극소수의 사람들만이 영원한 진리라고 인정받는 일부 신념들이 야만인의 불가피한 오해에서 비롯된 것이라는 사실을 알아차릴 수 있었다.

물론 '야만인' 또는 '원시적 정신'은 매우 서투른 표현이다. 그럼에도 아직 문자가 없었고, 조직화된 산업이나 기계 기술이 없었으며, 화폐도 없었고, 성별 외에는 중요한 기능의 전문화도 없었으며, 대규모 공동체 속의 안정된 삶도 없었던 때의 인간 정신의 특성을 나타내기 위해선 이 용어를 사용해야 한다. 이렇게 설명된 기간은 인간이 지구상에 존재한 50만~100만 년 중 약 5,000~6,000년을 제외한 모든 기간에 해당한다.

그 수천 년의 이야기를 전해주는 연대기는 없다. 우리가 발견하는 아주 단단한 무기와 도구가 정교해지고 다양해지는 것을 통해 몇 가지 추론은 할 수 있다. 하지만 우리에게 전해지는 석기 시대 무기들조차 인류 문화 축적의 초기 성과를 보여주기에는 매우 부족하다.

그 희미하고 먼 시기에는 우리가 오랫동안 당연하게 여겨온 발견과 업적으로 문명의 토대를 마련한 위대하지만 눈에 띄지 않는 창시자들로 가득 차 있었을 것이지만, 우리는 그런 업적이 있었다는 사실조차 전혀 알아차리지 못했을 것이다.

인간은 그다지 뛰어나지 못한 동물의 후손이기 때문에 무지한 동물의 상태에 머물던 시기가 있었을 것이다. 인간은 유인원과 비슷한 상태에서 출발했으며 모든 것을 스스로 배워야 했다. 앞에서 살펴보았듯이 쉽게 상상할 수 있는 것 이상의 무지의 상태에서 시작했다.

숲 속에서 알몸으로 언어도 없이 살았으며, 편히 쉴 집도 없었고 음식을 조리하는 방법도 모르는 채 평원을 떠돌아다녔다. 생과일, 열매, 뿌리, 곤충, 그리고 때려잡았거나 죽어 있는 동물들을 먹으며 살았다.

인간의 정신은 그런 야만적인 생활과 별 차이가 없었을 것이다. 처음에는 동물 친족들이 배우는 것처럼 더듬거리며 우연한 연상을 통해 배웠을 것이다. 충동과 개별적인 경험에서 얻은 지혜는 있었지만, 집단이 축적하고 교육을 통해 전수되는 지식은 없었다. 지식은 인간의 잠재력을 바탕으로 구축되어야 했다.

현재 이런 지극히 원시적인 상태의 인류에 대한 흔적은 없다. 실제로 아무런 흔적이 없을 수도 있다. 오늘날 기록으로 남아 있는 야만인들은 모두 정교한 언어와 신화, 잘 정립된 풍습이 있었던 비교적 고도로 발달한 전통문화를 보여준다.

이 정도의 문화를 축적하기 위해선 수십만 년이 걸렸을 것이다. 흔히 말하는 '자연 상태'의 인간은 단지 가설일 뿐이다. 비록 추측하고 추론한 것이기는 하지만 강력한 증거에 의해 우리에게 강요된 가설인 것이다.

지질학적 시간이라는 척도로 볼 때 인간은 여전히 야만 상태에 가깝다. 많은 인류학자들이 지적하듯 풍습, 야만적인 생각, 원시적인 정서가 오늘날까지도 우리 문화의 중요한 부분을 차지하고 있다는 것은 확실하다.

따라서 우리는 현재 우리의 사고와 풍습에서 이러한 원시적인 요소들을 검토해볼 필요가 있다. 우리가 원시인에 관해 가지고 있는 많은 데이터는 대부분 민족에 대한 연구의 결과로 축적된 것이다. 이들의 관습과 신화는 크게 다르지만, 정교한 문명의 영향을 받지 않은 인간 정신의 무의식적인 작용을 보여주는 몇 가지 공통된 특징들이 잘 드러난다.

처음에 인간은 자신이 속한 집단과 자신을 구별하면서 '나는 나'라고 말해야 했다. 이것은 자연스럽게 갖게 된 생각이 아니다. 초기의 종교적 개념은 개성에 기초한 것이 아니라 오히려 대상이 갖고 있는 '미덕', 즉 어떤 일을 할 수 있는 대상의 능력에 근거했다는 증거가 있다. 인간, 동물, 자연의 힘에 대한 정령 숭배적 믿음은 나중에 나타났다. 인간이 자신의 개성을 발견했을 때, 자연스럽게 동물과 식물, 바람과 천둥에도 동일한 형식의 개성과 목적을 부여했다.

이것은 정신의 가장 해로운 경향 중 하나인 의인화를 나타낸다. 의인화는 명확한 사고의 가장 치명적인 적들 중의 하나이다. 우리는 종교개혁의 영혼, 반란의 영혼, 무질서와 무정부 상태의 영혼에 대해 이야기한다.

신문에서는 '베를린이 말한다', '런던이 말한다', '엉클 샘이 그렇게 결정한다'는 식으로 표현한다. 이제는 실제로 영혼이 있든 없든 엉클 샘은 신화적인 존재가 되어 정령숭배의 대상이 되었다. 과학자들은 영혼에 대해 논의하는 것을 포기했지만, 사회적, 경제적 문제를 논의할 때 우리는 여전히 정신의 원시적인 정령숭배적 경향에 사로잡혀 있다.

꿈은 정신을 형성하는데 큰 영향을 미쳤다. 인간이 꿈을 꾸지 않았다면 우리의 사상, 특히 종교적 믿음은 전혀 다른 역사를 가졌을 것이다. 인간이 영혼을 상상하게 된 것은 단순히 그림자나 물에 비친 자신의 모습 때문이 아니라, 무엇보다 밤에 보게 되는 환상 때문이었다. 잠든 채로 가만히 누워 있을 때 그는 먼 곳을 방황하는 자신을 발견했다.

때때로 죽은 자의 방문을 받기도 했다. 그래서 반드시 우리 몸에 묶여 있지는 않지만 살아있는 동안 때때로 사라질 수 있고 죽음 이후에도 계속 존재하면서 인간의 문제에 관심을 갖는 영혼이 있는 것은 분명했다.

본질적으로 보수적인 인간은
변화를 거부한다

　모든 문명과 종교, 방대한 신학적 성찰이 이 야만적인 추론에 의해 지배되어 왔다. 플라톤 이후 아주 근래에 영혼과 영혼의 불멸성을 믿어야 하는 다른 이유들이 제기된 것은 사실이지만, 이 생각은 야만적인 논리에 확고한 기반을 둔 것처럼 보인다. 원시적인 추론이지만 나중에 수정되고 합리화되고 고상해졌을 수도 있다.

　미개한 삶에서 금기는 인간 본성의 또 다른 근본적인 측면이다. 인간은 원인을 찾지 못하거나 쉽게 잊어버리는 습성 때문에 습관에 빠지고 금기를 만드는 경향이 있다. 고착된 금기는 신성화되었으며 금기에서 벗어나는 일은 두려워하게 되었다. 때로는 합당한 근거가 있을 수도 있고, 때로는 터무니없는 골칫거리일 수도 있지만, 그 구속력은 변함이 없다.

　예를 들어, 고대 히브리인은 돼지고기를 금기시했지만 그 이유는 아무도 알 수 없다. 이런 금기가 멧돼지에 대한 혐오가 아니라 숭배가 금지로 이어졌을지는 확실하지 않다.

　현대의 '원칙'은 문명화된 행동 규칙이 아니라 단지 오래된 금기의 새로운 형태인 경우가 많다. 자신이 특정한 신념을 지킨다거나 '원칙에 따라' 특정한 방식으로 행동한다면서 정당화하지만 그 원칙의 근거나 편의성에 대한 검토를 거부하는 사람은 자신의 생각과 행동에 야만적 금기와 유사한 비합리적이고 신비로운 요소를 개입시키는 것이다.

어리석게 주장하는 원칙은 사회적 재조정에 대한 자유로운 논의에 커다란 문제를 일으킨다. 원시적 금기만큼이나 난폭하고 모호해서 자신의 신념과 행동을 다시 검토해보지 않으려는 변명에 지나지 않기 때문이다. 금기와 어리석은 원칙의 이면에 놓여 있는 심리적 상태는 본질적으로 동일하다.

야만적인 생각은 신성에 대한 개념은 물론 대상을 깨끗하고 부정한 것으로 분류하는데 있어서도 일반화된 강력한 금기를 포함한다. 이것은 맹목적인 정신의 뿌리 깊은 특성이며 신중하게 계발된 비판을 통해서만 극복할 수 있다. 거룩한(즉, 위험한) 땅을 밟지는 않을까 하는 인간의 타고난 소심함과 끊임없는 두려움의 결과이다. 야만적인 생각이 정신 속에 자리 잡으면, 사실상 논쟁을 할 수 없기 때문에 자유롭고 올바른 생각을 기대할 수 없다.

신성하다고 여겨지는 것은 방어 콤플렉스의 중심이 되며, 합리적인 논의가 용납되지 않는다. 예를 들어 금주령처럼 '도덕적'인 것으로 선언되는 사안에는 합리적인 타협과 조정을 불가능하게 만드는 감정 상태가 포함되어 있다.

‘도덕적’이라는 단어는 어느 정도 ‘신성한 것’과 동일하게 생각에 영향을 미치기 때문이다. 남녀의 관계를 다룰 때 ‘순수’와 ‘불결’이라는 용어는 명확한 분석과 합리적인 재조정과는 동떨어진 신비주의적이고 비합리적인 분위기를 불러일으킨다.

　야만적인 삶의 특성을 연구하는 사람들은 줄곧 지독한 보수주의, 개인의 자유에 대한 불필요한 제한, 무기력하게 반복되는 관행에 충격을 받는다. 인간은 동식물과 마찬가지로 대를 이어가며 조상들의 삶과 거의 비슷하게 살아가는 경향이 있다.

　변화는 힘든 과정을 겪어야만 하고 인간은 동물적이고 원시적인 자극에 더 익숙하기 때문에 오래된 관습으로 돌아갈 핑계를 찾는 경향이 항상 있다. 인간은 본래 무정부적이고 무질서한 존재이므로 미래를 내다보는 왕당파가 통제해야 한다며 자신의 보수주의에 자부심을 느끼는 사람은 진실을 정확하게 뒤집어보고 있는 것이다.

　인간은 본질적으로 보수적이며, 변화를 거부하는 금기를 쉽게 만들어낸다. 인간은 지구상에 존재하는 거의 모든 기간 동안 야만적인 상태를 유지했으며, 현대사회에서도 여전히 모든 종류의 원시적 야만성을 영속시키는데 힘써왔다.

　따라서 ‘원칙적으로’ 보수적인 사람의 태도는 틀림없이 원시적이다. 그 사람이 야만적인 기질에서 벗어나는 유일한 진보는 똑같은 정신을 유지하기 위해 내세우는 그럴듯한 이유들뿐이다. 우리가 막연하게 '급진적'이라고 부르는 것은 완전히 예외적이고 전례 없는 상황 때문에 최근에야 나타난 것이다.

제4부

그러자 아주 나이가 많은 이집트 제사장 중 한 명이 말했다. 솔론아, 솔론아, 너희 헬라인들은 어린아이에 불과하며, 헬라인 노인은 한 번도 없었다. 솔론은 그 말의 의미를 물었다. 그는, '너희는 모두 젊고, 고대의 전통에 의해 전해 내려오는 오래된 의견도 없고, 나이가 들면서 낡아지는 과학도 없다'는 뜻이라고 대답했다.

― 플라톤, 《티마이오스》

8.
비판적 사고의 시작

약 5000년 전, 이집트인들은 고도로 발달한 문자 체계를 발명하고 야만적인 선조들을 뛰어넘는 새로운 예술을 장안한 최초의 민족이었다. 회화와 건축, 항해술 등 독창적인 산업을 발전시켰으며 유리와 에나멜을 가공하고 구리를 사용하기 시작하여 인류의 삶에 금속을 도입했다.

그러나 실용적인 지식의 놀라운 발전에도 불구하고 그들의 신앙은 매우 원시적인 수준에 머물러 있었다. 메소포타미아 사람들과 서아시아 국가들도 다를 바 없었다. 마치 우리 시대에 인간과 신에 관한 믿음이 수정된 것에 비해 실용적인 기술은 이미 오래 전에 시작된 것과 같다.

이집트인들의 독특한 견해는 우리의 지적 유산에 직접적으로 유입되지 않았다. 그러나 서아시아에서 발전한 일부 종교사상은 히브리어 성서(구약)를 통해 인간의 사고방식의 일부분이 되었다. 또한 그리스인들은 지적으로 큰 영향을 끼쳤다. 그리스인들의 문학은 히브리어 성서와 함께 현대의 문명화된 정신의 형성에 헤아릴 수 없는 영향력을 행사했다.

이 두 가지 지배적인 지적 유산은 인류의 역사라는 관점에서 볼 때 거의 같은 시기, 즉 바로 엊그제 시작된 것이다. 그리스 문명 이전에는 책이 문화의 발전, 보급, 전승에 그리 큰 역할을 하지 못했다. 이제 책은 정신의 확장을 앞당기거나 지체시키는 데 중요한 역할을 하게 되었다.

다뉴브 강 목초지의 그리스 목동들이 야만인 정복자로서 처음 등장했던 고도로 문명화된 그 지역의 문화에 동화되는데 약 천 년이 걸렸다. 그들은 지중해 동부의 산업 기술을 받아들이고 페니키아 알파벳을 채택했으며 페니키아 상인을 모방했다.

7세기에는 도시와 식민지, 상업이 발달했고 활발한 교역이 이루어졌다. 이오니아 도시들, 특히 밀레투스와 그리스의 이탈리아 식민지에서 새로운 지적 모험의 흔적을 발견할 수 있다. 이후 아테네는 인간 지성의 놀라운 꽃을 피우며 독보적인 중심지가 되었다.

그리스인의 유산을 요약하는 일은 까다로운 작업이다. 문학과 예술에 대한 그들의 최고의 업적은 제쳐두고, 이 책의 주제와 가장 밀접하게 관련된 그들의 사고방식을 간략하게 살펴보기로 하자.

쉽사리 믿는 것이
인간의 본성이다

그리스인의 주요한 강점은 지적 전통의 방해를 받지 않는 자유로움에 있었다. 그리스인들에게는 존중받는 고전도, 성서도, 익혀야 할 죽은 언어도, 자유로운 사색을 가로막을 권위자도 없었다. 베이컨 경의 말처럼, 그들에게는 고대의 지식이 없었고 고대 자체도 없었다.

오랫동안 철학적, 과학적 토론에 초연함과 그럴듯한 정밀성을 부여하기 위한 전문용어는 발명되지 않았다. 평범한 시민이 이해할 수 없는 단어를 최초로 사용했던 사람은 아리스토텔레스였다. 이러한 환경 속에서 인간 비평의 가능성이 처음으로 나타났다. 인간과 신 그리고 자연의 힘에 대한 원시적 관념이 전혀 새롭게 재검토되기 시작했다. 매우 대담한 사람들이 단순하고 자연발생적이며 사물을 바라보는 오래된 방식에 의심을 품게 되면서 지성은 급속도로 발전했다. 궁극적으로 모든 것을 의심한다고 공언하는 사람들까지 등장하게 되었다.

이것을 피에르 아벨라르*는 '의심함으로써 우리는 질문하게 되고, 탐구함으로써 우리는 진리에 도달할 수 있다'고 표현했다. 하지만 쉽사리 믿는 것이 인간의 본성이다. 인간은 첫인상에 쉽게 속으며, 큰 어려움을 겪고 난 후에야 첫인상에서 벗어난다. 관행을 방해하는 것에 화를 내듯, 익숙해진 생각을 비판하면 분개한다. 비판은 인간의 원시적인 정신, 즉 어린아이와 야만인의 정신과 충돌하며 본성을 거스르는 것이기 때문이다.

그리스인들도 이 문제에서는 예외가 아니었다. 아낙사고라스와 아리스토텔레스는 그들의 사고방식 때문에 추방당했으며, 에우리피데스는 당대의 보수주의자들에게 혐오의 대상이었으며, 소크라테스는 신을 공경하지 않는 가르침으로 처형당했다. 그리스 사상가들은 소크라테스의 솔직한 '불가지론'에서 가장 감동적으로 묘사되었던, '자신을 분리하고 부정하는 비판'이라는 지적 자유의 첫 번째 사례를 제공한다. '그들은 더 고상하고 적절한 의미에서 회의론을 발견했으며, 이것이 인류의 사상에 대한 최고의 공헌이었다.'

초기 그리스 회의론의 가장 훌륭한 사례는 인간이 자신의 형

* Peter Abelard 1079~1142; 중세 프랑스 철학자, 신학자.

그리스 철학자, 크세노파네스. 인간들이 신의 형상에 자신들의 모습을 투사함으로써 다신교가 생겨났다고 생각했다.

상대로 신을 창조했다는 크세노파네스*의 발견이다. 그는 주변을 둘러보고, 신에 대한 현재의 개념을 관찰하고, 다른 민족의 개념과 비교했다. 그 결과, 한 부족이 신을 묘사하는 방식은 신이 실제로 어떻게 생겼는지, 눈이 검은색인지 파란색인지에 대한 지식의 결과물이 아니라 친숙한 인간의 모습을 반영한 것이라는 결론에 도달했다. 만약 사자에게 신이 있었다면 그 신을 숭배하는 사자들의 모습을 하고 있을 것이다.

종교적 믿음의 근간을 뒤흔든 이보다 더 충격적인 폭로는 없

---

* xenophanes: BC 6세기경 고대 그리스 철학자.

었다. 호메로스*가 묘사한 올림푸스 신전의 가정생활은 사려 깊은 사람들의 눈을 피하기에는 너무 추악했고, 타락한 종교적 믿음의 영향을 플라톤보다 더 뜨거운 분노로 비난했던 후대의 기독교인은 없었다. 루크레티우스**와 키케로의 그리스 사상에 대한 반성으로 판단해보면, 원시적인 종교적 믿음들 중 어느 것도 신랄한 비판을 피할 수 없었다.

그리스 사상가들의 두 번째 위대한 발견은 '형이상학(meta-physics)'이었다. 형이상학은 꽤나 터무니없는 방식으로 나중에 붙여진 명칭이었지만, 어쨌든 그들은 형이상학에 빠져들어 있었다.

오늘날 형이상학은 최고의 진리에 도달하기 위한 가장 고귀한 노력으로 존경받기도 하지만, 가장 어리석은 헛된 노력으로 경멸당하기도 한다. 그리스인들은 인간의 정신이 정신 자체에 몰입하는 놀이를 수행할 수 있다는 것을 발견했다.

인간은 모두 일상적으로 욕망이나 분노와 관련된 공상과 환상에 빠져들지만, 형이상학자는 온통 개념, 추상화, 구별, 가설, 가정, 논리적 추론에 빠져 있다. 특정한 이론이나 가설을 세운

---

* Homeros: BC 9세기 경 고대 그리스의 작가. 서사시 《일리아스》와 《오디세이아》의 저자.

** Titus Lucretius: BC 1세기 경 고대 로마의 시인, 철학자.

후 새로운 결론을 발견하고 설득력이 있어 보이는 방식으로 추구한다. 이 과정은 마치 순박한 청년이 아가씨를 쫓아다니는 것처럼, 진리를 추구한다는 즐거운 감정을 제공한다. 오직 진리만이 처녀보다 더 파악하기 어려운 존재이며, 아무리 나이가 들어도 오랫동안 추종자를 계속 유혹할 수 있다.

형이상학적 추론의 두 가지 예를 들어보자. 인간은 전지전능하고 지고지순하며 완벽한 존재에 대한 생각을 갖고 있다. 자신이 불완전한 일만 한다는 것을 아는 인간 스스로가 완벽한 존재에 대한 생각을 형성할 수 없으므로, 그 생각은 완벽한 존재가 우리에게 준 것이 틀림없다. 그리고 완벽함에는 존재가 포함되어야 하므로 신은 반드시 존재해야 한다.

안셀름*과 데카르트는 이러한 기초 위에서 밀접하게 연결된 철학 체계를 구축했다. 현대의 비교종교학 학자, 심지어 형이상학자인 칸트에게도 이 논리는 전적으로 무의미한 가설을 세우고 일련의 자발적인 연상에 의해 희생되는 정신의 본원적 작용을 설명하는 것 외에는 아무것도 없는 것처럼 보였다.

형이상학의 두 번째 예는 일찍이 이탈리아 해안의 그리스 식민지에 등장하여 공간과 운동에 대해 집중적으로 생각했던 엘레아 학파 철학자들의 가르침에서 엿볼 수 있다. 빈 공간은 아

---

* Anselm. 중세 독일의 철학자

무엇도 없는 것과 같고, 아무것도 존재한다고 말할 수 없으므로 공간은 환영일 수밖에 없으며, 운동은 운동이 일어날 공간을 내포하므로 운동은 있을 수 없다.

따라서 모든 것은 정말 완벽하게 밀집되어 정지해 있었으며, 변화에 대한 우리의 인상은 모두 경솔하고 단순한 정신을 가진 사람들의 환상일 뿐이었다. 형이상학자들의 가장 큰 만족감 중 하나는 변화무쌍한 세계에서 벗어나 확신의 영역으로 들어서는 것이었기 때문에, 이 가르침은 많은 사람들에게 매혹적인 것이었다.

만물은 입자로
구성되어 있다

변하지 않는 안정성에 대한 엘레아 학파의 확신은 플라톤의 영원한 '이데아'라는 새로운 형태를 띠었고, 이후 플로티누스* 시대부터 로이스** 시대에 이르기까지 세상에 지친 논리적인 영혼들이 피난처로 추구했던 '절대자'에 대한 위안의 개념으로 발전했다.

그러나 자연의 작용에 대한 일반적인 개념이 최근의 과학적

---

* Plotinos: 그리스의 철학자, 신비사상가.

** Josiah Royce 1855~1916:미국의 철학자, 절대적 관념론자.

결론과 놀랍도록 일치하는 그리스 사상가 집단이 있었다. 바로 에피쿠로스(Epicureans) 학파였다.

데모크리토스*는 현대의 실험 과학자는 아니었지만, 그는 엘레아 학파의 형이상학보다 현재 진리로 간주되는 것에 더 가까운 또 다른 사변적인 고찰로 엘레아 학파를 상대했다.

그는 형이상학자가 상상할 수 없다 해도 운동은 분명히 일어나기 때문에 빈 공간이 실재해야 한다는 이유로 공간과 운동의 실재에 반대하는 엘레아 학파의 결정을 받아들이지 않았다. 그는 만물이 미세하고 파괴되지 않는 입자(또는 원자)로 구성되어 있다는 개념에 도달했다.

운동과 충분한 시간이 주어진다면 우연하게 가능한 모든 조합이 만들어질 수 있다. 그리고 이러한 조합 중 하나가 바로 우리가 발견한 이 세계다. 다양한 형태의 원자들은 본질적으로 모든 물질은 물론 심지어 인간과 신들의 영혼까지 구성할 수 있기 때문이다. 모든 것은 우주를 구성하는 영구 원자들의 우발적이고 덧없는 조합이 변화하는 것에 지나지 않는다.

이런 가르침은 에피쿠로스와 그의 학파에 의해 받아들여졌으며 루크레티우스의 불멸의 시 《사물의 본질에 관하여》에서 우리에게 전달된다. 안셀름과 데카르트처럼 에피쿠로스 학파는 인

---

* Democritus. 고대 그리스 유물론 철학자

기원전 1세기에 활약한 에피쿠로스 학파의 철학자, 루크레티우스.
자신의 저서 《사물의 본질에 관하여》에서 죽음과 신에 대한 공포는 세계에 대한 무지, 자연과 본질에 대한 무지 때문에 생겨난 것이라고 설명했다.

간이 선천적으로 신에 대해 알고 있다고 생각했기 때문에 신이 존재한다고 믿었다. 그러나 신들은 우아하고 안락한 삶을 살면서 인간을 전혀 고려하지 않았다. 인간의 간청이나 달콤한 향기가 나는 제물은 물론 신성 모독도 신들의 평온함을 방해하지 않았다. 게다가 인간의 영혼은 죽음과 함께 소멸된다.

그래서 에피쿠로스 학파는 신에 대한 두려움과 죽음에 대한 두려움이라는 인간의 두 가지 가장 큰 불안에서 인간을 구해냈다고 자화자찬했다.

루크레티우스가 말했듯이 사물의 진정한 본질을 이해하는 사람은 둘 다 무지로 인한 환상이라는 것을 알게 될 것이기 때문

이다. 따라서 그리스 사상가 중 한 학파는 자연과학이라는 이름
으로 종교적 믿음을 완전히 거부하게 되었다.

9.
플라톤과 아리스토텔레스의 영향

　우리는 플라톤에게서 그 시대의 회의주의와 형이상학을 동시에 발견한다. 그에게는 여러 시대에 걸친 추종자들이 있었다. 그 중 일부는 그의 회의주의를 극한까지 끌어올렸으며, 일부는 그의 형이상학을 이용해 오만한 신비주의적 독단주의 체계를 구축했다.

　그는 자신의 성찰을 시장이나 아테네 철학자의 집에서 토론하는 대화의 형태로 표현했다. 논리학을 뜻하는 그리스어는 변증법(dialectic)이며, 실제로는 '토론'을 의미한다. 보다 결정적인 결론을 기대하면서 더 완전한 분석을 위해 논쟁하는 것이다. 대화편은 플라톤의 마법의 손에서 추론적 이성의 매체로 활용된 당대의 드라마이다.

최근 우리는 입센(Ibsen), 쇼(Shaw), 브리외(Brieux), 골즈워디(Galsworthy)의 작품 속에서 사회적 혼란과 모순을 고찰하는데 활용된 오래된 수단을 발견한다. 대화의 결과는 또렷하지 않다. 독단적인 결론과 체계적인 발표에 적합하지는 않지만, 중요한 모든 문제들의 복잡성과 완전히 모순된 것처럼 보이는 불가피한 견해들의 충돌을 드러낸다. 우리는 유익한 토론의 기회를 장려하고 정교하게 만들어야 한다. 아테네 광장의 변증법으로 돌아가, 우리의 협동적 사고를 명확히 하고, 조정하고, 방향을 제시하는 도구로 삼아야 한다.

플라톤의 우유부단함과 품위 있는 공명정대함을 아이러니라고 한다. 이제 아이러니는 엄숙함이 없는 진지함이다. 인간은 진지하면서 희극적인 동물이며, 인간의 일을 다루면서 인간에게 없는 일관성과 존엄성을 부여하는 것은 적절할 수 없다고 가정한다.

인간은 항상 어린아이이며 야만인이다. 인간은 충돌하는 욕망과 숨겨진 갈망의 희생자다. 감상적인 이상주의자처럼 말하고 짐승처럼 행동할 수 있다. 오랫동안 고성능 폭탄의 발명에 매달렸던 사람이 나중에는 평화 증진에 자신의 재산을 바친다.

우리는 이웃을 산산조각 낼 수 있는 가장 정교한 기계를 만들어내고 그 후에는 그 상처를 함께 치유하기 위해 최고의 기술과 조직력을 발휘한다. 우리의 본성은 기관총과 적십자 간호사 사이에서 한 가지를 확실히 선택하는 것을 금지한다. 그래서 우리는 한 쪽을 사용하여 다른 쪽을 바쁘게 만든다. 인간의 생각과 행동은 관용적인 아이러니의 분위기 속에서만 폭넓고 올바르게 다뤄질 수 있다. 논리적 정밀성과는 전혀 어울리지 않는 정치와 윤리에 관한 엄숙하고 재미없는 저자의 작품들은 인간을 거의 다루지 않는 매우 어리석은 형태의 형이상학일 뿐이다.

플라톤은 만물이 불완전하게 만들어졌다는 것을 인정했지만 천상의 영원한 초월적 모델이라는 개념으로 위안을 삼았다. 그는 구멍난 솥이나 콧물 흘리는 사람과 같은 엉망진창인 세상은 도저히 받아들일 수 없다고 고백했다. 요컨대, 그는 존재의 가장 높은 형태를 이상과 추상에 부여했다. 이것은 야만적인 정령 숭배를 새롭고 정교하게 재현한 것이다.

사람들을 인간사에 대한 토론을 줄곧 방해하는 온갖 종류의 고상한 모호함과 적절치 않은 전문 용어에 빠져들게 했다. 그는 인간 정신의 가장 큰 약점 하나를 신성하게 만들어 종교의 수준으로 끌어올렸다.

그의 시대 이후로 인간은 명칭의 의미를 논의해 왔다. 사랑, 우정, 명예 같은 것이 존재할까, 아니면 각 개인에게 사랑스러운 것과 우호서인 감성, 우리의 기순에 따라 명예롭다거나 물명예스럽다고 말할 수 있는 행위가 존재할까? 아름다움, 진리, 사랑을 '있는 그대로' 믿는다면 당신은 플라톤주의자이다. 다양한 감정과 욕망 그리고 행위의 개별적인 사례들만 있을 뿐이며 추상화는 피할 수 없는 사고의 범주일 뿐이라고 믿는다면, 중세시대에는 '유명론자(唯名論者nominalist)'라고 불렸을 것이다.

충분한 토론이 필요한 문제이긴 하지만 책이나 신문 사설을 통해 판단해볼 수 있다. 글쓴이가 미국주의, 볼셰비즘, 공공복지, 자유, 국가 명예, 종교, 도덕, 인간의 권리, 과학, 이성, 오류와 같은 추상적인 용어로 혼란스럽게 만드는지, 아니면 인간의 현실적인 문제들에 어느 정도의 해법을 제시하는지 확인할 수 있다.

물론 우리가 생각하고 말할 때 추상적이고 개략적인 용어를 사용하지 않고도 잘 지낼 수 있다는 의미는 아니다. 하지만 그런 용어들이 영향을 끼치게 되고 개성의 활력을 부여하는 것에는 끊임없이 경계해야 한다. 이미 언급했듯이 애니미즘(Animism: 정령신앙)은 항상 우리 앞에 입을 크게 벌리고 있는 함정이며, 경계하지 않으면 반드시 빠져들게 된다. 플라톤주의는 애니미즘의 가장 친절하며, 가장 완벽한 변장이다.

아리스토텔레스와 함께
그리스 정신은 끝났다

아리스토텔레스 이전의 그리스 사상은 놀라울 정도로 자유롭고 융통성이 있었다. 구획에 갇혀 있지 않았으며, 스승이 제자에게 수정 없이 전달할 수 있는 교육적 형태를 취하지도 않았다. 체계적인 논문으로 한데 모으지도 않았다.

아리스토텔레스는 독창적인 사상가로서의 최고의 능력과 교과서 저자의 충동을 결합했다. 질서와 분류를 좋아하는 그는 윤리, 정치, 논리학, 심리학, 물리학, 형이상학, 경제학, 시학, 동물학, 기상학, 헌법의 입문서를 남겼다. 그가 집필한 모든 책이 남아 있는 것은 아니어서 어떤 주제를 다루지 않았는지는 신만이 알 수 있다.

그는 모든 분야에 관심이 있었으며, 아마 모든 분야에 능통했을 것이다. 그가 남긴 일부 입문서는 추론의 결론이 너무 압도적이고 포괄적이어서 중세대학에서 자유주의 교육의 유일한 기초로 삼았으며, 그와 다른 견해를 가진 사람들에게 벌금을 부과했던 것은 충분히 이해할 수 있는 일이었다. 그는 알 수 있는 모든 것을 알고 있고, 지상의 모든 지식을 성스러운 법전으로 편찬한 것처럼 보였다.

아리스토텔레스는 기선이 가8을 다루면서 본질적으로 형이

플라톤과 아리스토텔레스.
플라톤은 이데아라는 개념으로 인간의 정신에 이상과 추상성을 부여했으며, 아리스토텔레스는 지상의 모든 지식에 관한 저서를 남겼다. 두 사람 모두 그리스 시대를 빛낸 사상가들이지만 자연과학의 발전을 확장시키지는 못했다.

상학적인 취향과 초자연적인 관찰력을 결합했다. 후대의 고분고분한 세내에서는 저주가 된 그의 불가피한 실수들에도 불구하고, 기록으로 남아 있는 어떤 사상가도 업적의 다양성과 우수성에서 그와 비교조차 될 수 없다. 이후의 학자들이 그의 작품들을 활용해 더 많은 발전과 해설을 방해했던 것은 그의 잘못이 아니다. 그는 책(에서 얻는) 지식의 아버지이자 해설자의 할아버지이다.

사변적인 성향의 그리스인들은 2~3백 년 동안 철학 논쟁을 벌이면서 일반적으로 받아들여지는 믿음과 서로에 대한 모든 비판을 쏟아냈다. 그러나 고통스럽고 전문적인 연구와 검토를 통해 자연의 실체에 대한 지식을 넓히려는 성향은 거의 없었다.

이것이 수학, 천문학, 지리학을 어느 정도 발전시켰던 것 외에는 일반적으로 그리스 정신의 영광스러운 시대가 아리스토텔레스 사망 무렵에 끝났다고 여겨지는 가장 큰 이유일 것이다. 그리스인들은 왜 현대의 과학자들처럼 아직 이루지 못한 미지의 경지를 향해 계속 나아가지 않았을까?

우선, 그리스 문명은 노예제도와 고정된 산업 기술을 기반으로 이루어져 있었다. 철학자와 학자들은 노예와 하인의 평범한 생활과 관련된 일상적인 과정을 실제로 경험하거나 연구하는 것을 금지당했다.

그 결과, 자연현상에 대한 심오하고 지속적으로 증가하는 지식을 얻는데 필요한 실용적인 도구를 고안할 사람이 없었다. 그리스인들은 기계적 창의성이 부족했기 때문에 렌즈를 발명하지 못했다. 미세한 것을 볼 수 있는 현미경이나 먼 곳을 관찰할 수 있는 망원경이 없었다. 카메라나 분광기는 말할 것도 없고 시계나 온도계, 기압계 등도 만들지 못했다.

아르키메데스는 철학자라는 고귀한 직업에 어울리지 않는다는 이유로 자신의 독창적인 장치들에 대한 기록을 가치 없는 일로 생각했다고 한다. 그가 만든 발명품은 대개 장난감이나 실용적인 성격이 강했다. 따라서 인간 정신의 확장에서 다음 단계로

나아가기 위해서는 노예제도의 소멸과 약 300년 전에 처음 등
장한 오래된 형이상학에 대한 의심과 최종적인 거부가 서서히
시작되기를 기다려야 했다.

제5부

인간은 본능적으로 우주를 의인화하려는 강렬한 욕망을 갖고 있다. 신과 악마는 모두 본질적으로 인간의 형상을 하고 있다. 신은 우리 자신을, 악마는 우리의 적들을 투영한 것이다. 신과 악마는 모두 목적을 갖고 있으며 그들의 행동은 우리와 마찬가지로 욕망에서 비롯된다. ― 버트런드 러셀

10.
중세문명의 기원

이성을 지우고 믿음을 선택하다

탁월한 지적 모험심이 있는 사람들이 동물적이고 원시적인 사고방식을 수정하는 이른바 역사적 사고의 형성에는 그리스인들이 중요한 역할을 했다. 그리스 사상가들은 매우 미묘하고 비판적인 방법을 처음으로 도입하여 오래된 믿음을 면밀히 조사했으며, 고지식한 오류를 깨우치게 했다.

그러나 현재 우리의 사고방식은 그리스인들로부터 직접적으로 파생된 것이 아니며, 로마제국과 중세시대를 거치면서 그리스인들로부터 분리되었다.

아테네를 생각할 때 우리는 파르테논 신전, 소포클레스와 에 우리피데스, 소크라테스와 플라톤, 아리스토텔레스 그리고 세련되고 명료하며 절제된 이미지를 떠올리게 된다. 중세를 생각할 때는 수도사, 순교자, 기적, 교황과 황제, 기사와 귀부인, 그레고리오 대제*와 아벨라르, 토마스 아퀴나스**를 떠올리지만 이러한 것들은 그리스 시대와 공통점이 거의 없다.

그리스 시대는 근본적인 전제가 완전히 다른 특별한 세계였다. 그리스인들이 예술과 문학에서 이룬 업적은 놀라운 것이었으며, 새롭고 다양한 아이디어의 조합은 기발했다. 하지만 평범한 것들에 대한 관심이 없었던 그들은 세상의 신비를 꿰뚫어 보는데 필요한 수단을 발명해내지 못했다. 그들은 현대적인 조사 기구를 발견하지 못했기 때문에 멀리 떨어져 있는 것과 미세한 것에 대한 통찰력을 갖지 못했다.

결과적으로 그들의 비판적 사고는 실험과학이나 응용과학에 기반하지 않았고, 그 결과 서구 세계는 높은 수준의 비판을 발전시키거나 오래 유지할 수 없었다.

그리스가 거대한 로마제국에 흡수된 후 비판적 사고와 창의적 지성이 처음에는 천천히, 나중에는 치명적인 속도로 완전히 쇠퇴하기 시작했다. 게다가 새롭고 전혀 비판적이지 않은 믿음과 사고방식이 인기를 끌기 시작했다. 근동 지역 ― 메소포타미

---

* Papa Gregorio 1세.

** Thomas Aquinas 이탈리아 신학자.

아, 시리아, 이집트, 소아시아 등 — 에서 생겨난 이러한 사상들이 그리스 철학의 비판적 전통을 대체했다. 스토아 학파와 에피쿠로스 학파의 신조는 신선함을 잃어버렸다.

그리스 사상가들은 모두 지성과 지식을 통해 구원을 찾는 데 동의했다. 하지만 새로운 구원을 알리려는 웅변에 능한 지도자들이 나타났으며, 진리의 입구에 '이성'이라는 단어를 지우고 대신 '믿음'이라고 썼다. 사람들은 구원받기 위해서는 '믿음'만이 필요하며 믿는 것이 생각하는 것보다 훨씬 쉽다는 새로운 선지자들의 말에 기꺼이 귀를 기울였다.

그리스의 세속 철학과 우리 시대의 과학적인 사고와는 대조적으로 중세의 지적 생활을 지배한 것은 종교적이고 신비적인 사고였다.

암흑시대와 지적 파산

인간의 정신이 통과해야 했던 이 새로운 단계를 검토해보기 전에 '중세'라는 용어의 사용에 대한 일반적인 오해를 경계할 필요가 있다. 우리의 역사 교과서에는 일반적으로 로마제국의 해체와 콜럼버스의 항해 또는 프로테스탄트 개혁의 시작 사이의 사건들이 중세에 포함된다.

지성사 연구자들에게 이것은 불행한 일이다. 교회와 수도원,

토마스 아퀴나스(1227~1274).
중세 시대 기독교의 등장과 함께 거의 소멸의
위기에 처해있던 그리스 철학, 즉 아리스토텔
레스의 형이상학을 기독교 교리와 접목시켜 스
콜라 철학으로 집대성시켰다.

조직화된 종교적 편협성과 같은 중세의 거의 모든 사상과 제도
는 사실 로마제국 말기에 시작되었기 때문이다. 게다가 오늘날
의 사상을 이끈 지적 혁명은 17세기가 되어서야 제대로 진행되
었다.

따라서 중세 사상은 중세의 일반적인 시작지점보다 훨씬 먼
저 시작되어, 일반적으로 끝났다고 여겨지는 시점보다 한 세기
정도 더 지속되었다. 편의상 오래된 표현을 계속 사용해야 하지
만, 유럽 정신사의 관점에서 보면 고대 그리스 사상이 아테네,
알렉산드리아, 로도스, 로마 및 기타 지역에서 번성했던 초기
기독교 시대와 약 1600년 후 근대 과학이 탄생했던 세 시기를
구분해야 한다.

첫 번째 시기는 430년에 사망한 아우구스티누스의 권위 있는 저술로 정점을 이루는 기독교 교부시대이다. 이 무렵 중요한 그리스 서적의 상당 부분이 서유럽에서 사라졌다. 속세의 지식은 중세 연구자들이 나중에 크게 의지하게 된 빈약한 개요서로 전락했다. 과학, 문학, 역사에 관한 정보는 거의 없었다.

서구 세계는 종교와 모든 종류의 신비로운 사상에 관심을 쏟았다. 하르나크*가 말했듯이, 세계는 게르만의 침입 이전에 이미 지적으로 파산했으며 그에 따른 혼란으로 인해 훨씬 더 깊은 무지와 정신적 암흑 속으로 빠져들었다.

두 번째 시기, 즉 '암흑시대'는 아우구스티누스부터 아벨라르까지 약 700년 동안 거의 발전이 없었다. 번영하던 상원이 사라졌다. 마을은 사라지거나 황폐해졌다. 방치된 도서관은 불타거나 붕괴되었다. 폐쇄되었던 학교는 훗날 샤를마뉴의 교육칙령 이후 특별히 진취적인 수도원이나 투쟁에 전념하지 않았던 일부 뛰어난 주교에 의해 다시 문을 열었다.

1100년경부터 지식 탐구의 부활, 잊혀진 지식의 회복, 그리스나 이전 문명에 알려지지 않았던 새로운 정보의 점진적인 축적이 이루어지기 시작했다.

그러나 중세 후기의 이 세 번째 시대의 주요한 생각의 틀은

＊ Adolf Harnack: 독일의 프로테스탄트 신학자.

로마제국으로 거슬러 올라간다. 그것들은 교부들이 형식을 만들었으며, 암흑시대를 통해 전달되고, 아리스토텔레스의 복원된 저작들의 영향을 받아 새로 설립된 대학의 교수들에 의해 다듬어져 스콜라 철학으로 알려진 장엄한 지적 구조로 구축되었다. 중세 대학의 교수들, 즉 스콜라 학자들에 대해 베이컨 경은 오래 전에 오늘날에도 유효한 판단을 내렸다.

스콜라 철학자들은 날카롭고 뛰어난 재능을 갖추었으며 풍부한 여가 시간이 있었지만 독서 범위는 좁았다. 마치 그들의 몸이 수도원과 학교라는 감옥에 갇혀 있듯이, 그들의 재능은 (그들의 독재자인) 아리스토텔레스를 비롯한 몇몇 저자들의 저술에만 갇혀 있었다.

또한 자연이나 역사에 대한 지식도 거의 없었다. 그들은 막대한 양의 자료가 아니라 끝없는 지적 혼란을 통해 현재 우리가 접하는 복잡한 학문 이론을 만들어 냈다.

비판적이든 맹종하든 현재 서구세계의 문명과 인간 정신은 중세 후기의 문명과 사상이 직접적으로 전해진 것이다. 유난히 자유롭고 대담한 개별 사상가들만이 매우 느리게 이런저런 중세의 믿음에서 벗어났으며, 우리 시대에 이르러 일부 소수의 사람들은 스콜라 철학 체계가 바탕을 둔 거의 모든 전제 조건들을

123

거부하게 되었다.

그러나 가톨릭이든 개신교이든 대다수의 기독교 신자들은 적어도 종교적 또는 도덕적 제재와 관련된 모든 문제에서 여전히 중세시대의 가정을 고수하고 있다. 가톨릭 성직자 외의 사람들이 중세라는 용어를 종종 경멸의 의미로 사용하지만, 여전히 중세적 가정들이 일반적으로 통용된다는 사실을 간과해서는 안 된다. 특히 우리의 주제와 밀접한 이러한 전제들 중 가장 근본적인 몇 가지를 살펴보기로 하자.

11.
우리의 중세적인 지적 유산

그리스인과 로마인에게는 사물의 기원에 관해 다양한 이론이 있었지만, 모두 모호했고 억측에 불과했다. 그러나 기독교인들은 성서 속의 기록에 의지하여 신이 직접 내려준 정보를 바탕으로 자신들의 이론을 세웠다. 인류 역사에 대한 그들의 전체적인 개념은 그리스인과 로마인보다 훨씬 더 근본적이며 철저한 초자연주의에 근거하고 있었다.

비기독교 철학자들도 신들을 생각했던 것은 분명하지만, 인간의 현세의 삶이 전적으로 죽음 이후에 일어날 일에 달려 있다고는 생각하지 않았다. 이것은 이론적으로 중세 기독교인의 유일한 관심사였다. 현세의 삶은 비록 중요하기는 해도 앞으로 다가올 진짜 삶을 순비하는 짧은 과정에 불과했다.

중세 기독교인은 천국에 가도록 도와주거나 죄와 오류의 길로 유혹하는 선한 영과 악한 영의 여러 계급이 있다고 상상했기 때문에 본질적으로 과거의 이교도보다 더 다신교적이었다. 기적은 흔한 일이었고, 신이나 악마의 탓으로 돌릴 수 있었다. 선한 영과 악한 영의 직접적인 개입은 일상적인 행위와 동기를 설명하는데 눈에 띄는 역할을 했다.

권위에 의존하다

어느 저명한 교회 역사가가 말했듯이, 중세의 신은 자의적인 신이었다. 즉 자의적일수록 거룩한 신이었다. 그는 정기적인 사건의 진행 과정을 자주 간섭하여 자신의 존재를 분명히 드러냈고, 줄곧 걱정하고 있다는 것을 신도들에게 확신시켰으며, 악마의 음모를 좌절시켰다. 18세기가 되어서야 상당수의 사상가들이 이러한 신의 개념에 반기를 들었으며 고유한 율법을 지키는 질서정연한 신을 숭배하게 되었다.

중세 사상가들은 모두 산타야나*가 '기독교 서사시'라 묘사한 것을 의심 없이 받아들였다. 여기에는 인간이 어떻게 생겨났는지, 인간의 기원과 과거에 비추어 인간이 어떻게 생활해야 하는지에 대한 전반적인 역사적 개념이 포함되어 있다.

---

* George Santayana: 미국 철학자

우주는 일주일도 안 되어 생겨났고, 인간은 원래 해, 달, 별, 식물, 동물 등 만물과 함께 완전한 상태로 창조되었다. 얼마 후 첫 번째 인간 부부는 유혹에 굴복하여 신의 명령을 어겼으며, 신이 마련해준 아름다운 동산에서 쫓겨났다. 그렇게 죄가 이 세상에 들어왔으며, 그로 인해 죄를 범한 부부의 후손은 모태에서부터 오염되고 더럽혀졌다.

시간이 지나면서 새로이 창조된 땅에 불의(不義)가 심해져 신은 노아의 가족만 남겨두고 인류를 멸망시키기로 결심했다. 노아의 홍수 이후 다시 살게 되었지만 인간이 이전에 누리던 언어의 통일성은 사라졌다.

신은 선택된 백성들에게 많은 예언적 환상을 보여주고 약속된 시간에 자신의 아들을 보내 이 땅에서 인간의 삶을 살게 하고 죽음에 복종하도록 하여 그들의 구원자가 되도록 했다. 이후 복음이 전파되면서 신의 나라와 악마의 나라 사이의 투쟁은 역사상 최대의 갈등이 되었다.

악인들은 지옥에 떨어져 끝없는 고통에 몸부림치고 복된 자들이 하늘로 올라가 영원히 하느님과 함께 살게 되는 선악의 마지막 분리가 일어나는 최후의 심판으로 정점을 찍게 되는 것이었다.

기독교 서사시에 포함된 인간의 기원과 운명에 대한 일반적인 설명은 정확성과 신성한 진정성 그리고 권위로 유명하다. 그로 인해 지식이 늘어나도 수정하지 못하도록 가로막는 장애물이 되었다. 인간에 관한 근본적인 진리는 단번에 영원히 확립된 것으로 가정되었다. 그리스 사상가들은 권위를 구축할 만한 방법이 거의 없었으며, 그들 중 상당수는 정교한 지능을 위해 그러한 것이 존재할 수 있다고 믿지 않는다고 솔직하게 고백했다.

그러나 중세 철학과 과학은 철저한 권위에 기초했다. 중세 학자들은 실제 현상에 대한 오랜 조사와 연구, 회의론이라는 어려운 길에서 벗어나, 계시라는 쉬운 방법과 의심할 여지없는 교리의 정교화를 통해 진리를 찾을 수 있다고 확신했다.

권위에 대한 의존은 근본적으로 원시석인 특성이다. 우리는 중세의 조상들뿐만 아니라 선사시대의 사람들로부터 권위에 의존하는 태도를 물려받았다. 우리는 모두 확립된 믿음과 고정된 제도에 의존하는 자연스러운 성향을 갖고 있다. 이것은 의심할 수 없는 형태로 전해진 모든 것에 대한 우리의 무의식적인 신뢰의 표현이다.

어린아이로서 우리는 권위에 복종하며 통용되는 견해의 통제에서 벗어날 수 없다. 우리는 우연히 속하게 된 집단의 생각과 견해를 무의식적으로 받아들인다. 회의론을 불러일으킬 갈등이 없는 한 우리는 보고, 듣고, 읽은 내용을 액면 그대로 받아들이게 된다.

우리는 무척 쉽게 남의 영향을 받는다. 우리의 심리상태는 의심보다 쉽사리 믿는 것에 훨씬 더 잘 적응한다. 거의 언제나 믿는 우리는 모두 거의 의심하지 않으며, 가끔씩만 의심한다. 과거는 언제나 거부할 수 없는 매력을 행사한다. 어렸을 때는 노인을 공경하도록 배우며, 어른이 되어서는 주변 노인들의 무능력을 눈으로 확인한다 해도 모세나 이사야, 공자, 아리스토텔레스에 대해서는 전혀 의심하지 않는다. 그들의 말은 아무런 의심 없이 받아들인다. 너무 오래 전에 활동했던 그들의 능력에 대한 검증은 불가능하다. 그래서 그들이 우리 시대의 선각자들보다 더 많은 정보와 더 뛰어난 지혜를 갖고 있었을 것이라고 쉽게 추측한다.

중세시대에는 특정한 권위에 대한 존경이 지배적이었다. 하지만 고대 이집트나 중국, 인도보다 더 심하지는 않았을 것이다. 중세적 권위의 주요한 원천인 성서와 교부들, 로마법과 교회법, 아리스토텔레스의 백과사전식 저작물 중에서 오늘날까지 현실적인 영향력을 끼치고 있는 것은 없다.

성경 역시 명목상으로는 로마 가톨릭과 정통 개신교 종파들 사이에서 의심받지 않지만, 과거처럼 의회의 토론이나 사회 경제적 문제에서 영향을 끼치지는 못한다. 여전히 종교적 권위로 남아 있지만 더 이상 세속적인 결정의 근거가 되지는 않는다.

현대 과학의 발견은 중세의 권위를 뿌리째 흔들었지만, 기존의 관행과 믿음에 의존하는 오래된 악습을 무너뜨리지는 못했다. 우리는 여전히 물려받은 신조가 인류의 확실한 결론을 대표하는 것이며, 현행 제도는 많은 실험을 통해 승인받은 결과물이므로 실험을 반복하는 것은 헛된 노력일 뿐이라고 생각한다. 민주주의에서 그리스 도시들의 불명예스러운 경험을 경고의 예시로 드는 사람도 있고, 도덕성의 쇠퇴와 가족의 해체가 로마 몰락의 전조였다고 말하는 사람도 있다.

프랑스 혁명의 공포시대를 폭도정치의 지속적인 위협의 예로서 언급하는 사람도 있지만 역사 연구자들은 이런 예시들이 현재의 상황과는 거의 관련이 없다고 생각한다. 오히려 오래된 오해는 쉽게 전달되는 반면, 새롭고 더 명확하며 더 정확한 개념의 도입은 어려움에 처하게 된다는 사실에 충격을 받는다.

자연스럽고 무의식적인
불관용의 시대

베이컨은 대중, '또는 대중에게 헌신하는 가장 현명한 사람들'이 실제로는 '실질적이고 근본적인 것보다 대중적이고 피상적인 것을 더 쉽게 받아들일 준비가 되어 있다'고 경고한다. 시간은 마치 강이나 시냇물 같은 성질이 있어서 가볍고 부풀려진 것은 우리에게 전달하지만 무겁고 견실한 것은 가라앉혀 익사시키는 것이 사실이기 때문이다.

대부분의 사람들은 과거로부터 신뢰할 만하고 불변하는 행동규범과 공공정책이 전달되지 않았다는 사실을 인정하지 못한다. 우리는 세상사가 전반적으로 잘 진행되지 않는 것에 분개하면서도 당혹스러운 사실들을 외면할 구실을 찾는다. 우리는 철저한 재조정을 막기 위한 최선의 노력에도 불구하고 막연하게 통제를 벗어난다고 느끼는 상황에 직면하면 상당한 두려움과 전반적인 소심함에 휩싸이게 된다.

비록 전통적인 견해가 꽤나 명확하고 신뢰할 만한 경험이 반영된 것이라 생각할 수는 있지만, 우리의 시대에서는 과거보다 더 적은 비중을 차지해야 한다는 것은 분명하다. 우리가 살아가는 환경을 근본적으로 바꾸고 개인과 계층, 국가 간의 관계에 대변혁을 일으키고 있는 변화가 인류를 사로잡고 있기 때문이다. 더 나아가 지식이 더 넓어지고 깊어졌다는 것을 기억해야 한다. 우리 시대의 정보를 제대로 따라잡을 수 있는 사람이라면 과거의 권위에 호소하는 중세의 습관에 빠져들려고 하지는 않을 것이다.

기독교 서사시는 그 지속성을 유지하기 위해 기꺼이 타당성

131

이나 전통적인 권위에 의존할 필요가 없었다. 중세시대에는 거대하고 강력한 종교국가가 발달했다. 홉스가 지적했듯 중세 교회는 로마 제국의 실질적인 후계자였다. 교회는 왕과 왕자들의 '세속적인 권력'을 포함한 온갖 자원을 동원해 기독교의 믿음을 쉽게 방어했다. 교회의 가르침을 의심하는 것은 가장 큰 죄악이며 신 자체에 대한 반역으로 이와 비교하면 살인은 미약한 범죄였다.

그러나 불관용에 대한 우리들의 성향이 중세시대로부터 물려받은 것만은 아니다. 동물과 어린아이, 야만인으로서 우리는 천진난만하고 무조건적인 관용은 베풀지 않는다. 관습에서 벗어난 모든 것은 의심스럽고 혐오스러우며, 잘못된 것으로 보이며 사악한 의도가 있는 것이라고 생각한다. 실제로, 불관용은 너무나 자연스럽고 무의식적이어서 17세기 이전에는 언론의 자유는 전혀 문제가 되지 않았다.

그리스의 철학자는 새로운 생각을 이유로 추방되거나 심지어 처형당했다. 로마의 대중은 물론 관리들이 초기 기독교인들을 괴롭혔던 이유는 그들의 견해보다는 오히려 그들이 금욕적이고 신에 대한 예의를 거부하며 국가의 몰락을 예언했기 때문이었다.

그러나 기독교가 확립되자 로마의 황제들은 정통 기독교 신앙을 훌륭한 시민의 덕목으로 삼는 칙령을 발표하기 시작했다.

삼위일체에 대해 황제와 종교고문들과 의견이 다른 사람은 처벌 대상이 되었다. 이단 서적은 불태워지고, 이단자의 집은 파괴되었다.

그렇게 조직화된 중세의 종교적 편견은 후기 로마제국의 유산으로, 테오도시우스 2세와 유스티니아누스 법전에서도 당연하게 인가되었다. 중세시대의 불관용은 13세기에 시작된 종교재판과 함께 가장 완벽한 형태를 갖추게 되었다.

이단은 어떤 희생을 감수하더라도 반드시 막아야 하는 전염병으로 간주되었다. 이단자들이 대개는 흠잡을 데 없는 삶을 살면서, 불경스러운 말을 하지 않으며, 단식으로 몸이 수척하고, 공허한 오락에 참여하지 않는다는 것은 중요하지 않았다. 그들은 지나치게 진지하다 할 정도로 자신의 종교를 빈틈없이 받아들였다. 빛의 천사로서의 이러한 적극적인 행위는 악마의 위장술이라고 해석되었다.

이단자들이 실제로 무엇을 생각하는지, 또는 그들이 보여주는 믿음의 장점이 무엇인지 알아내려고 하지 않았다. 신에 대한 개념을 조금은 생소한 용어로 표현해야 한다고 주장했기 때문에 이단자는 종종 무신론자로 낙인찍히곤 했다.

일반 대중은 하느님과 성스러운 교회에 반역한 자에게 지옥은 당연히라고 생각했다. 당시의 생각에 따르면 이단이란 극악

133

무도하고 사악한 것이었으며, 이단자의 믿음이 당시 기득권의 이익을 위협했기 때문에 박해를 받았다.

이단자들은 배반자이자 반역자였다. 그들은 교황과 주교 없이도 잘 지낼 수 있고, 정통 성직자들의 조력 없이도 잘 살 수 있으며, 그들의 가혹한 세금에서 벗어날 수 있다고 생각했다. 그 시대의 '무정부주의자', '빨갱이'로서 기존의 권위를 훼손하고 있었으며, 올바른 생각을 가진 모든 시민의 묵인 하에 그에 걸맞은 대우를 받았다. 중세 시민은 교회가 지배적 권위가 아닌 국가를 전혀 상상하지 못했다.

그러나 상상할 수도 없었던 일이 현실이 되었다. 세속적 권위는 거의 모든 문제에서 옛 교회 체제를 대체했다. 중세의 가장 큰 문제였던 종교적 이단과 정통의 구분은 이제 대중의 관심사가 아니다.

그렇다면 재판, 고문, 투옥, 방화, 학살을 포함한 오래된 종교적 박해의 결과는 무엇이었을까? 종교재판과 검열은 오랫동안 아무런 의심도 받지 않았지만 무엇을 이루었을까? 과연 진실을 방어하거나 사회를 보호하는 데 성공했을까? 어쨌든 동조(同調)는 확립되지 않았다.

오직 신의 도움만이 필요하다는 믿음

　신성로마교회는 많은 고대의 학대에서 벗어나 정화되었지만 독점을 유지하지는 못했다. 서구의 대부분의 나라에서는 이제 누구든지 자신이 원하는 대로 믿을 수 있고, 자신에게 호소하는 종교적 견해를 가르칠 수 있으며, 공감을 공유하는 다른 사람들과 함께 할 수 있다. 무신론은 여전히 많은 이들에게 충격적인 비난이지만, 무신론자는 더 이상 무법자가 아니다. 공적인 문제에서 종교적 교리와 상관없이 사적인 취향과 선호의 문제로 축소시킬 수 있다는 것이 증명되었다.

　이것은 놀라운 혁명이다. 그러나 현재 종교재판소가 설립된 이후 경과한 시간보다 훨씬 짧은 시간에 사회 및 경제 관계의 근본적인 재구성을 고민하는 사람들을 강제로 제거하려는 움직임이 있다. 이러한 시도가 중세교회의 독점을 지키려는 종교재판소의 노력만큼이나 비효율적이고 절망적으로 보일 것이라고 의심할 만한 많은 이유가 있다.

　우리는 새로운 생각을 다루는 잘못된 방식과 관련하여 과거로부터 많은 것을 배울 수 있다. 아직까지 우리는 필연적으로 일어날 수밖에 없는 변화에 대응하는 구태의연하고 비용이 많이 드는 방식만을 짓고 있다. 억압은 때로 일시적인 성공을 거

둔 것은 사실이지만, 대체로 실패했고 고통과 혼란만 초래했다.

우리의 목적이 현 상황을 그대로 유지하는 것인지 아니면 현 질서의 남용과 불공정을 바로잡기 위한 재조정을 하려는 것인지에 따라 많은 것이 달라질 것이다. 다시 말해, 우리는 진실이 마침내 확립되었고 우리는 그것을 옹호하기만 하면 된다고 믿는 것일까, 아니면 여전히 만들어지고 있는 중이라고 믿는 것일까? 우리는 흔히 진보라고 불리는 것을 믿는 것일까, 아니면 그것이 과거에만 속하는 것이라고 생각할까? 전반적으로 우리는 목표에 도달한 것일까, 아니면 이제 막 시작한 것일 뿐일까?

중세 시대, 심지어 그리스와 로마 시대에도 지금처럼 진보라는 개념이 거의 없거나 전혀 없었다. 세부적인 면에서는 분명 발전이 있을 수 있었다. 인간은 더 현명해지고 더 나아질 수도 있고 더 무지하고 더 비뚤어질 수도 있었다. 하지만 일반적으로 사회적, 경제적, 종교적 질서는 상당히 표준화되어 있다고 가정했다.

특히 중세시대에는 더욱 그러했다. 사람들의 단 하나의 목표는 천국을 확신하면서 지옥으로부터 탈출하려는 것이었다. 인생은 인간에게 성난 강과도 같았다. 악마들이 인간을 물속으로 빠뜨리기 위해 사방에 도사리고 있었다.

유일한 목표는 신의 도움으로 천상의 해안에 도달하는 것이었다. 급류의 방향을 바꾸고 날카로운 바위를 제거함으로써 강을 덜 위험하게 만들 수 있는지 생각해볼 시간이 없었다. 발전하는 지식에 비추어 지적인 개혁을 통해 많은 인류를 점진적으로 개선하는데 인간의 노력을 기울여야 한다고 생각한 사람은 아무도 없었다.

이 세상은 가능한 최고의 조건으로 탈출할 수 있는 곳이었다. 우리 시대에는 고정된 사회에 대한 중세적 관념은 마지못해 포기할 뿐이며, 필연적인 중요한 변화라는 개념은 아직 받아들여지지 않았다. 우리는 입술로는 고백하지만 마음속으로는 저항한다. 우리는 아직까지 자연과학과 그 응용에 전념하는 한 부류의 근본적인 혁신가들만 존중하는 법을 배웠다. 사회혁신가는 여전히 일반적으로 의심의 대상이다.

억압된 호기심과
불순물 콤플렉스

중세 신학자에게 인간은 본질적으로 사악했다. 기독교 서사시에 따르면, 인간은 태어날 때부터 부모의 원죄로 더러워졌고, 지능이 생기자마자 새로운 범죄로 자신의 삶을 어둡게 하기 시작했다고 한다. 교회는 원죄의 오염을 씻어내고 나중에 지은 죄에 대한 용서를 확보하기 위해 정교한 메커니즘을 제공했다. 실세나 이상이 #년식 ㅇ 는 ㅍ회의 ㅜㅂ 사업이있다.

우리는 여전히 인간은 본질적으로 나쁜 존재인가라는 질문을 던질 수 있다. 이 질문에 답하면서 우리는 인간의 악한 성향을 좌절시키기 위한 적절한 수단을 마련하거나, 인간에게서 어떤 가능성을 본다면 인간의 자유를 위해 일하고 그것을 활용하여 자신과 다른 사람들을 행복하게 만들라고 요구한다.

현대의 생물학과 인류학 연구자에게 인간은 선하지도 악하지도 않다. 더 이상 '악의 신비'는 존재하지 않는다. 그러나 중세의 '죄'라는 개념, 즉 신비주의가 짙게 깔려 있고 모든 사려 깊은 사람이 신중하게 조사할 만한 가치가 있는 용어는 여전히 우리를 혼란스럽게 한다.

인간의 충동 중에서 중세의 죄에 대한 생각과 금욕적인 삶의 질서에서 가장 큰 역할을 한 것은 성과 관련된 것이었다. 남성과 여성의 관계에 대한 중세의 전제는 오늘날까지 이어져 내려오고 있다. 우리가 과거로부터 물려받은 많은 생각들과 비교한다면 비교적 최근에 형성된 생각이다. 그리스인과 로마인들은 전반적으로 성에 대해 원시적이고 무비판적인 관점을 가지고 있었다. 아테네에서 여성의 권리에 대한 논의가 있었던 것은 분명하지만 철학자들은 성에 대해 깊게 생각하지 않았던 것으로 보인다.

고전 자가들은 성저 '순결'에 대한 생가을 거이 다루지 않았다. 스토아 철학자에게 성적 방종은 낮은 단계의 쾌락으로 간주되었으며 마음의 평화를 위해 가장 신중하게 통제해야 하는 것으로 생각했다. 그러나 기독교의 유입과 함께 본질적으로 새로운 태도가 생겨났고, 이는 오늘날에도 의식적이든 무의식적이든 대부분의 사람들이 여전히 갖고 있는 태도이다.

중세 문학에 익숙한 사람이라면 누구도 저자들의 신중함을 비난하고 싶지 않을 것이다. 그럼에도 불구하고 특히 영국과 미국에서 널리 퍼져 있는 현대적 신중함, 즉 성과 관련된 사실과 문제를 솔직하게 인정하고 다루기를 부끄러워하고 꺼리는 태도는 성적 충동을 악의 근원으로 간주하고 인간의 타락의 징표로 여겼던 중세적 태도의 산물임이 분명하다.

현대 심리학자들의 연구 결과에 따르면 신중함이 항상 뛰어난 순결함을 나타내는 것은 아니며 오히려 그 반대일 수 있다. 그것은 종종 억압된 성적 관심과 성적 선입견 위에 던져진 변장술이기도 하다. 교육을 더 많이 받은 젊은 세대 사이에서 감소하고 있는 것으로 보인다.

생물학, 특히 발생학에 대한 연구는 '불순물 콤플렉스'를 해체하는 쉽고 간단한 방법이다. 무지와 억압된 호기심이라는 의미에서의 '순수함'은 매우 위험한 마음 상태이다. 그리고 신중함과 방어적인 위선과 결합된 이러한 순수성은 우리의 제도와 습관에 대한 정직한 토론이나 본질적인 재조정을 극도로 어렵게 만든다.

신비주의와 과학적 사고

중세적 사고와 오늘날의 비판적 사고 사이의 가장 큰 대조 중 하나는 인간과 우주와의 관계에 대한 일반적인 개념에 있다. 중세 철학자에게 세상은 인간을 위해 만들어진 것이었다. 모든 천체는 인간의 거처를 중심으로 공전했다. 모든 피조물은 인간을 돕거나 시험하기 위해 만들어졌다. 하느님과 마귀는 인간의 운명에 열중하고 있다.

시적 사고를 하는 사람들은 자연의 작용을 인간의 교화를 위한 상징으로 생각하기 쉬웠다. 사자나 독수리의 습성에서 도덕적 교훈을 얻거나 신성한 구원의 계획을 설명할 수 있다고 생각했다. 문자로 기록된 단어조차도 본래의 의미보다 악에 맞서 싸우는 인간의 투쟁을 묘사하고 그의 방식을 응원하는 숨겨진 비유로 소중히 여겼다.

중세 사상가는 '기독교 서사시'를 합리화하기 위해 논리적 분석 능력을 자유롭게 발휘할 수 있었지만, 그 서사시의 일반적인 인간 중심적이고 신비로운 세계관에 의문을 제기하는 것은 결코 허용하지 않았다. 철학적 신비주의자는 유순한 어린아이의 역할을 맡는다. 그는 중요한 모든 진리는 자신의 발견 능력을 초월한다고 생각한다. 그는 무한하고 영원한 정신이 옛 선지자들을 통해, 또는 신성한 지성과 황홀한 교감의 순간에 우리에게 계시해 주기를 기대한다.

신비주의자에게 우리의 더 깊은 욕구와 관련된 모든 것은 논리를 초월하고 분석을 거부한다. 그가 보기에 인간의 이성은 기껏해야 인생의 더 심각한 문제들에 희미하고 불확실한 빛을 비춰줄 뿐이며, 신의 숨겨진 진리를 둘러싼 어둠을 더욱 짙게 하는 역할을 할 뿐인 미약한 등불에 불과하다.

현대 과학이 발전하기 위해서는 중세시대의 신념을 완전히 새롭고 반대되는 근본적인 신념으로 대체해야 했다. 인간은 또 다른 종류의 자기 중요성과 새롭고 더 심오한 겸손을 배양해야 했다. 자신에 대한 사려 깊은 고찰을 통해 중요한 진리를 발견할 수 있는 자신의 능력을 믿게 되었고, 다른 한편으로는 세상이 자신을 위해 만들어진 것이 아니라 인류가 우주의 기이한 사건이며 인류의 역사는 우주 역사의 최근 에피소드라는 것을 인식해야 했다. 사물에 대한 가장 단순하고 철저한 설명에 익숙해져야 했다. 인간의 전체적인 분위기가 바뀌고 지금까지의 모든 것을 가능한 한 평범한 것으로 축소해야 했다.

이런 새로운 견해는 필연적으로 신비주의자들의 맹렬한 공격을 받았다. 새로운 견해를 오해한 그들은 그 지지자들을 꾸짖으며 삶에서 가장 소중한 것을 빼앗아간다고 비난했다. 하지만 결국 우리는 어떤 식으로든 신비주의의 근간을 이루는 감정을 받아들여야 한다.

신비주의는 우리에게 매우 소중하며, 과학 지식이 이를 대체할 수 있는 적절한 대안이 될 수는 없다. 신비의 공급이 끊길까봐 두려워할 필요는 없지만, 신비에 대한 우리의 취향에 따라 많은 부분이 달라지므로 분명 개선이 필요하다. 신비주의자의 태도에서 소위 합리주의자를 방해하는 것은 신비가 없는 곳에서 신비를 보고, 벗어날 수 없는 신비를 보지 않으려는 성향이다. 신비주의자가 아니라고 선언하면서 모든 것을 설명할 수 있다고 주장하지도 않고, 모든 것을 과학적 용어로 설명할 수 있다고 주장하지도 않는다.

사실, 사려 깊은 사람이라면 어떤 것도 완벽하게 설명할 수 있다고 자랑하지 않을 것이다. 우리는 근본적인 신비를 찾기 위해 평범한 것들을 깊이 파고들어야 한다.

그리고 멸종한 영장류 종족의 후손으로서, 아직 정신이 축적되는 초기 단계에 있는 우리가 어떻게 궁극적인 진리에 도달하는 데 방해가 될 수 있을까? 그러나 가상의 신비와 사방에서 우리를 둘러싼 피할 수 없는 신비를 가능한 한 날카롭게 구분할 것을 촉구하는 것이 적절할 수 있다.

우유가 시큼해지는 방식은 박테리아가 발견된 이후 부분적으로 해결된 진짜 신비였고, 마녀가 어떻게 굴뚝으로 날아갔는지는 더 이상 고민할 필요가 없는 신비였다. '살아있는' 전선은 한때 마법을 암시했지만 이제는 전자 학설에 의해 설명된다.

과학적 사고의 목적은 신비의 수를 줄이는 것이며, 그 성공은 놀랍지만 아직까지 완벽한 성과를 거두지는 못했다. 우리는 자신과 타인에 대한 의무를 강제하는 중세 신비주의의 관점을 너무 많이 계승해 왔다.

이제 우리는 중세 철학자들의 기준과 한계에서 벗어나 자신들만의 새로운 기준을 세우기 위해 자연과학 연구자들이 채택한 방법을 상기해야 한다. 따라서 그들은 현재 우리가 처한 인간 문제의 혁명을 위한 길을 준비했다. 아직까지 이들의 사고방식이 사회문제의 해결에 크게 적용되지는 않았다.

과학적 사고방식을 엄청난 역경을 이겨낸 역사적 승리로 이해하고 감사하는 법을 배움으로써, 우리는 인간에 대한 연구에 대해서도 비슷한 태도를 기르고 대중화할 수 있을 것이다.

제6부

그러므로 나는 먼저 놀라운 예술과 자연의 작품에 대해 이야기하겠다. 그리하여 모든 마법의 힘은 이 작품보다 열등하고 무가치하다는 것을 알 수 있다.

― 로저 베이컨

12.
과학 혁명

17세기 초, 셰익스피어의 희곡을 썼다고 의심 받을 만큼 천재적인 문필가였던 한 사람이 자연과학의 진흥과 찬미에 자신의 뛰어난 문학적 능력을 쏟았다. 프랜시스 베이컨은 현대인의 정신을 형성하는데 매우 새롭고 중요한 역할을 한 과학적이고 비판적인 사고 습관의 선구자였다.

그는 중세 형이상학에 매몰되어 자연현상에 무관심했던 인간의 정신이 왜 지금까지 성장하지 못하고 무력해졌는지, 어떻게 하면 강력한 설득력과 활력을 얻을 수 있도록 육성하고 인도할 수 있는지를 발견했다고 생각했다.

베이컨보다 새로운 복음을 전파하는데 문학적 재능을 더 잘 갖춘 사람은 없었다. 그는 과거의 '불신과 불명예'로부터 교훈을 전달하는 설득력 있고 독창적인 방법을 고안하고, 인간에게 기쁨과 이익을 위해 자연 영역을 탐험하도록 권고하는 데 심혈을 가울였다.

그는 평범한 사물에 대한 연구와 인간의 자산을 돋보이게 하는데 사용될 수 있는 새로운 지식의 영광을 끊임없이 알렸다. 그는 훌륭하기는 하지만 실체도 영혼도 없는 난해한 학문을 추구했던 중세 학자들을 비난했다. 그는 학식 있는 사람들에게 골방에서 빠져나와 신의 창조물을 연구하고, 그렇게 발견한 것 위에 새롭고 참된 철학을 세울 것을 촉구했다.

그 당시에도 자연현상을 연구하는 과학자들은 베이컨의 일반 프로그램을 수행하기 시작하면서 놀라운 성과를 거두었다. 그가 사람들에게 '이성과 자만으로 흔들리는 것'을 멈추고 신의 작품을 읽는 방법을 배우라고 촉구하고 있는 동안 갈릴레오는 이미 한 번 움직이는 물체는 멈추거나 방향이 바뀌지 않는 한 영원히 직선으로 계속 움직인다는 아리스토텔레스의 물리학이 사실에 반대된다는 것을 발견했다.

새롭게 발명된 망원경을 통해 하늘을 연구하면서 그는 태양의 흑점을 관찰하고 태양의 공전과 금성의 위상 그리고 목성의 위성들을 관찰했다. 이러한 발견은 오래 전에 코페르니쿠스*가 제시했듯이 지구는 우주의 중심이 아니며 하늘은 완전하지도

※ Copernicus. 폴란드 천문학자, 신학자.

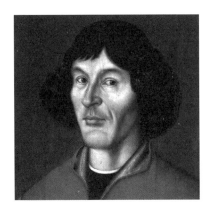

코페르니쿠스(1473~1543). 태양을 중심으로 지구가 공전한다는 획기적인 발견을 내놓은 천문학자. 그의 연구는 당시의 종교적 믿음과 상반된다는 이유로 30여년 간 발표되지 못했으며, 죽음에 이르러서도 자신의 책《천체에 대하여》(1543)을 펼쳐보지 않았다.

불변하지도 않다는 생각을 확증하는 것처럼 보였다. 그는 대중의 언어로 이러한 문제를 과감히 논의했으며 모두가 알고 있듯이 종교재판에서 유죄 판결을 받았다.

이러한 자연현상에 대한 관심과 일반적인 사실 조사를 통해 검증될 때까지 오래 전에 확립된 이론을 거부하는 것은 전혀 새로운 일이었다. 이는 우리의 지적 유산에 신선하고 중대한 요소를 끌어들였다.

중세의 대학에서는 교수, 즉 신학자가 기독교 교리를 정교하게 공식화하고 아리스토텔레스의 저작을 해석하는데 전념했다.

이 시대는 그리스 형이상학이 부활한 시기로, 널리 퍼진 종교적 가설에 길들여져 있었다. 베이컨, 갈릴레오, 데카르트 등은 이렇게 억눌려 있던 세계에 일상적인 사물에 대한 탐구와 정직하고 비판적인 사고를 장려하려는 새로운 열망을 끌어들였다.

믿음을 버리고 의심을 선택하다

현대 자연과학의 창시자들은 처음부터 다시 시작해야 한다는 것을 깨달았다. 이것은 과감한 결단이었지만, 과거의 족쇄에서 벗어나기를 바라는 오늘날의 인류 연구자가 취해야 할 결단만큼 과감한 것은 아니었다.

베이컨은 과거의 그 시대는 성숙한 지식의 시대가 아니었고, 오히려 젊고 무지했던 인간의 시대였다고 지적했다. '우리가 역순으로 계산하여 고대라고 여기는 시대가 아니라, 세계가 늙었을 때의 시대가 진정한 고대 시대이다.'

《뉴 아틀란티스(New Atlantis)》에서 그는 체계적인 과학 연구에 자원을 집중하여 새로운 발견을 인류의 삶의 향상에 적용하는 것을 목표로 하는 이상적인 국가를 묘사했다.

베이컨이 노인이었을 때 청년이던 데카르트는 진리를 찾고자 한다면 살면서 적어도 한 번은 '모든 것'에 질문을 던져야 한다고 주장했다. 현대 과학 발전의 시조사들에게는 믿음이 아닌 의심이 지혜의 시작이었다.

그들은 그리스인들이 발견했다는 것들을 의심했으며, 그럴 만한 이유가 있었다. 그들은 오래된 책들과 대학 교수들의 강의 노트를 모두 의심했다. 감히 성경을 의심하지는 못했지만 여러 가지 방법으로 성경을 회피했다. 그들은 특정한 환경에서 정확히 어떤 일이 일어났는지를 알아내기 위한 연구에 착수했다. 그들이 개별적으로 실험을 하고 발견한 내용을 과학학회에 보고하면서 과학이 시작되었다.

학회들의 심의 과정을 추적해보면, 지난 세기의 학문이 그 인상적인 주장에도 불구하고 일반적인 사물에 대한 유익한 지식에 제대로 기여하지 못했다는 것을 알 수 있다.

지금은 어린이 책에서나 볼 수 있는 가장 기본적인 사실들을 확립하기 위해 한 세기에 걸친 노력이 필요했다. 물과 공기의 작용 방법, 시간과 온도 그리고 기압을 측정하는 방법을 알아내야 했다. 현미경은 유기조직의 복잡성, 미세한 생물의 존재, 혈액의 이상한 주민인 적혈구와 백혈구의 존재를 밝혀냈다. 망원경은 우주가 인간이 사는 작은 구체 주위를 돌고 있다는 가설에 종지부를 찍었다.

13세기에 처음으로 나타나기 시작한 비그리스적이고 실용적이며 창의적인 경향이 없었다면 이러한 진보는 불가능했을 것이다. 새로운 사상가들은 거만한 태도를 버리고 렌즈와 도르래와 바퀴를 끈기 있게 다루면서 인간의 정신과 이해력을 숭배하는 악습을 버렸다. 그들은 연구를 진행하면서 연구에 필요한 기계 장치를 만들어내야 했다.

더 나아가 형식적으로 고귀하고 고상한 성찰에만 갇혀 있지 않았고, 형이상학적 치밀함보다 벌레와 도랑에 괴어 있는 물에 더 관심을 두었다. 그들은 품위 없고 심지어 더러운 것들도 연구할 가치가 있다는 베이컨의 견해에 동의했다. 하지만 대학 교수들은 이런 모든 것을 경멸했으며, 결과적으로 대학은 19세기까지 자연과학의 발전에 아무런 역할도 하지 못했다.

종교 지도자들도 새로운 경향에 반대하는 데에는 지식인에 뒤지지 않았다. 성직자들은 주술에 대한 진부한 믿음을 영속시키기 위해 최선을 다했지만, 그들의 학문 체계에 실험과학을 받아들일 수 없었으며, 만물의 창조자를 모욕한다고 판단했다. 그러나 그들의 반대는 새로운 과학적 충동을 방해하는 것 이상을 할 수 없었다. 새로운 과학적 충동은 의미 있게 견제하기에는 너무 강력한 것이었다.

따라서 인간 사고의 한 분야인 자연현상에 대한 연구는 17세기가 시작된 이래로 지속적이며 놀라운 발전을 약속하며 엄청난 진보를 이루어냈다. 자연과학 연구자들이 사용한 새로운 방법을 통해 사물의 물질적 구조와 작동, 지구와 그 인에 사는 모든 생명체의 점진적인 존재 방식에 관한 엄청난 양의 정보를 축적할 수 있었다.

원자와 분자의 본질과 작용이 밝혀지고 열, 빛, 전기와의 관계가 정립되었다. 산과 계곡, 바다와 평야를 만들어낸 느린 과정들이 드러나고 있다. 기본 세포의 구조는 강력한 렌즈를 통해 연구할 수 있으며, 세포의 분열, 결합, 분화, 증식을 통해 놀랍도록 복잡한 식물과 동물의 본질을 추적할 수 있다.

요컨대, 인간은 이제 역사상 처음으로 자신이 살고 있는 세계와 자신을 둘러싸고 있는 생물에 대해 명확하고 정확한 개념을 가질 수 있게 되었다. 이 새로운 지식이 인간의 선조들이 무지한 상태에서 할 수 있었던 것보다 더 현명하게 자신의 일을 이끌어 갈 수 있게 해줄 것이 분명해 보인다.

인간은 이전 세대보다 더 완벽하게 이해할 수 있는 존재의 긴급 상황에 점점 더 성공적으로 적응할 수 있는 위치에 있어야 하며, 자신과 동료 인간을 점점 더 현명하게 다루고자 열망해야 한다.

13.
과학지식은 어떻게 삶의 조건을 혁신시켰나

과학지식과 발명

그러나 인간과 세계에 관한 정보는 100년, 심지어 50년 전보다 헤아릴 수 없을 정도로 더 많아졌지만, 그 지식은 여전히 너무 낯설고, 불완전하게 동화되고, 부적절하게 조정되고, 대다수의 사람들에게 부실하게 비효율적으로 제시되고 있다는 것을 솔직하게 인정해야 한다. 그래서 인간의 충동과 추론과 전망에 대한 '직접적인' 영향이 아직은 실망스럽다.

분자와 원자의 관점에서 생각할 수도 있지만 우리는 거의 그렇게 생각하지 않는다. 자신의 신체 작용에 대해 조부모보다 더 많은 지식을 갖고 있는 사람은 거의 없다. 밀의 위싱에 내한 능부의 확신은 토양의 박테리아와 관련된 발견 앞에서 서서히 무너졌다. 전화를 사용하고, 전기 자동차를 타고, 카메라를 들고 다니는 사람들 중 이러한 것들이 어떻게 작동하는지에 대해 조금이라도 호기심을 갖고 있는 사람은 거의 없다.

과학 지식은 '발명'을 통해 오직 '간접적으로만' 우리 삶의 모든 부분에 영향을 미쳐 환경을 바꾸고, 일상 습관을 바꾸고, 고대에 확립된 질서를 뒤흔들고, 심지어 가장 무지하고 무기력한 사람에게도 지속적인 적응의 부담을 지우게 된다.

현대의 과학 지식과 이론은 단지 학문적 담론이나 학문 서적의 문제로 남아 있지 않고, 우리가 거의 벗어날 수 없는 수많은 실용적인 장치의 발명을 촉발시켰다. 그러므로 과학 지식이 우리 대부분의 생각에 큰 영향을 미치지는 않았지만 현대 발명의 촉진에 있어 과학 지식의 영향력은 우리를 새로운 환경에 놓이게 하는데 도움이 되었다.

현대의 과학 지식이 아직은 너무나 불완전하고 잘못 이해되어서 우리가 일상생활에서 직접적으로 그리고 개인적으로 과학 지식의 많은 부분을 적용하는 것이 불가능한 것이라 해도 우리는 과학 발명의 긴급한 효과를 무시할 수는 없다. 과학 지식이 끊임없이 우리에게 새로운 적응의 문제를 제기하고 때로는 오래된 문제들을 폐기하기 때문이다.

처음에는 다소 사소한 발명품과 장치로 보였던 것들이 현대 과학의 발전과 함께 삶의 조건을 크게 변화시켰던 놀라운 사례들 몇 가지를 생각해보자.

　베이컨과 갈릴레오 시대보다 몇 세기 전에 네 가지 발견이 이루어졌다. 이것은 후대의 통찰력과 독창성을 통해 보완되고 정교해져 현대 문명의 근간을 이룬다고 할 수 있다.

　영국 헨리 2세 시대의 한 작가는 안개나 어둠 속에 갇힌 선원들은 버릇처럼 자성을 띤 철에 바늘을 대곤 했다고 전한다. 바늘은 원을 그리며 빙글빙글 돌다가 북쪽을 가리키며 멈춰 섰다. 이 작은 지표로 인해 현대 상업과 제국주의의 광대한 확장이 가능했던 것이다.

　렌틸콩 모양의 유리조각이 물체를 확대한다는 사실은 13세기 말에 이미 알려져 있었다. 그 사소한 사실로부터 현미경, 망원경, 분광기, 카메라가 탄생했고, 이것들은 인간, 동물, 식물의 자연적 작용과 우주 전반에 대한 우리의 이해에 큰 부분을 차지하게 되었다.

　화약은 렌즈가 발견된 지 몇 십 년 후부터 사용되기 시작했다. 화약과 그 이후의 발명품들은 전쟁과 관련된 모든 문제들을 바꾸어 놓았다. 원래 필경사의 노동력을 절약하기 위해 소박하게 시도되었던 인쇄기는 현대 민주주의와 국가를 가능하게 했을 뿐만 아니라, 교육의 확장을 통해 문명이 시작된 이래로 인간 산업이 의지해오던 오래된 토대를 약화시키는 데 도움을 주었다.

18세기 중반에 증기기관이 이전까지는 풍차와 수차로만 근근이 보완할 수 있었던 인간과 동물의 근력을 대체하기 시작했다. 그리고 이제는 증기 및 가스 엔진과 수력을 사용하여 공급원으로부터 멀리 떨어진 곳에서 강력한 전류를 생성한다.

기계의 독창성은 꿈도 꾸지 못했던 이 모든 에너지를 전혀 새로운 방식으로 활용하여 오래된 상품과 새로운 상품을 대량으로 생산하고 지구 전체에 놀랍도록 빠른 속도로 유통하고 있다. 거대한 공장이 생겨나 수많은 노동자들이 완제품을 만들기 위해 분주히 움직이고, 지나치게 커진 도시가 주변의 푸른 들판과 목초지 위로 뻗어 나가고, 긴 화물열차가 대륙을 가로질러 굉음을 내며 달린다.

엄청난 규모의 부가 축적되고 재투자되어 전체 시스템을 점점 더 상상할 수 없을 정도로 복잡하고 상호의존적으로 만드는데 적용된다. 부수적으로 동물, 어린아이, 야만인의 정신으로 모든 것을 파악하고 통제해야 하는 인류에게는 믿을 수 없는 조급함과 걱정과 불만과 위험이 도사리고 있다.

이러한 변화가 그리 놀라운 일이 아니라는 듯, 이제는 새로운 상품이 아니라 새로운 물질을 만드는데 전념하는 화학자가 등장했다. 화학자는 탄소, 수소, 산소, 질소, 염소 등이 원자를 다루며 자연의 작용을 훨씬 뛰어넘는다.

지금까지 20만 개 이상의 화합물을 교묘하게 생산할 수 있었으며, 그 중 일부는 과거에 인류가 동물과 식물의 연금술에 의존했던 것이다. 그는 공기 중에서 포획한 질소를 사용하여 밀을 재배하거나 고성능 폭발물을 만들어 동료를 학살할 수도 있다. 그는 더 이상 염료와 향수를 얻기 위해 식물과 동물에 의존하지 않는다. 간단히 말해서, 화학적 발견은 언제라도 태고의 산업을 황폐화시키고 자본과 노동 모두를 곤경에 빠뜨릴 수 있다.

유럽인들은 지구의 가장 먼 곳까지 방문했으며, 상업을 통해 세계의 모든 종족이 긴밀하게 접촉하게 되었다. 이제 우리는 세계대전에서 나타난 것처럼 하늘 아래 있는 모든 나라를 생각해야 한다. 지구상의 모든 민족은 경제적으로 느슨한 인간 연합을 형성하고 있으며, 지리적으로 아무리 멀리 떨어져 있다 해도 다른 모든 구성원의 문제에 영향을 미칠 수 있다.

발명과 민주주의

이 모든 전례 없는 조건이 맞물려 비즈니스를 위한 비즈니스가 이전에는 없었던 매력과 압도적인 중요성을 갖게 되었다. 우리는 이제 돈을 위해 물건을 만든다. 의자는 앉기 위해 만드는 것이 아니라 이윤을 위해 만들기, 비누는 청결을 위해서가 아니라 이윤을 남겨 팔기 위해 만든다.

실제로 돈을 벌기 위해 쓴 글 외에는 우리의 눈길을 끄는 것은 거의 없다. 우리의 잡지와 신문은 비즈니스 경쟁의 복음을 선포하는 현대 상업의 외판원이 되었다. 이전에는 노동계급이 노예였기 때문에, 또는 무방비 상태로 노예 생활에서 벗어날 수 없었기 때문에, 또는 어쩌면 타고난 장인이기 때문에 일했지만, 이제 그들은 고용주와 결합하고 협상하며 비즈니스 경쟁에 뛰어들 수 있는 입장에 서게 되었다. 고용주와 마찬가지로 이들도 가능한 한 적게 주고 가능한 한 많이 받는 법을 배우고 있다.

이것은 훌륭한 비즈니스다. 고용주는 마침내 직원들에게 엄격하고 사무적인 사람이 되도록 가르치는데 성공했다는 것을 깨달아야 한다. 살기 위해 집을 짓고, 먹기 위해 밀과 소를 기르던 시절에는 이러한 필수 산업은 자급자족할 수 있었다. 하지만 이윤이 집을 짓고 곡식을 기르는 동기가 된 지금, 자동차나 자수 란제리 제조를 통해 더 많은 수익이 예상된다면 집을 짓거나 식량을 기르는 일이 더 이상 설득력을 갖출 수 있을까?

새로운 발명과 발견, 그리고 엄청나게 널리 퍼진 상업과 함께 우리 환경에는 우리가 막연하게 '민주주의'와 '국가'라고 부르는 두 가지 새로운 요소가 등장했다. 이 역시 응용과학과 기계적 고안에서 그 기원을 찾을 수 있다.

인쇄술은 대중교육을 가능하게 했고, 모든 소년소녀가 읽고 쓰는 법을 배우도록 하는 것은 서구 세계가 지난 100년 동안 실현하기 위해 먼 길을 걸어온 우리의 열망이다. 남성에게 먼저 도입된 후 여성에게 확대된 일반 교육은 모든 성인이 투표권을 가져야 한다는 주장을 당연하게 만들었고, 이를 통해 공직자 선출과 정부 정책의 방향에 표면적인 영향력을 행사할 수 있게 되었다.

최근까지 대중은 부유한 계층과 그들의 대표 및 대리인, 정치인 또는 정치꾼들의 통제에 맡겨진 공공문제에 관심을 기울이지 않았다. 의심할 여지없이 우리의 혼잡한 도시는 이제 모든 사람이 노면전차, 공공 공원, 상수도, 전염병을 공유해야 하기 때문에 일반인의 중요성에 대한 인식이 커지는데 기여했다.

현재의 국가 개념은 불과 100년 전으로 거슬러 올라가는 아주 최근의 것이다. 과거에 국가는 자애로운 왕의 백성으로 구성되어 있었으며, 신이 내린 통치자는 백성을 짐승이나 노예로, 또는 좀 더 우호적인 분위기에서는 어린아이로 간주했다.

현대 민주주의를 탄생시킨 힘은 프랑스나 미국을 구성하는 방대한 국민들이 매일 전해지는 정부의 사업과 눈에 띄는 동포들의 행적에 대한 뉴스를 통해 그 어느 때보다 더 친밀하게 결속할 수 있게 해 주었다.

이런 시으로 방대한 멍료에 사는 주민들이 가서 아네네 사반

들만큼이나 가깝게 지내게 된다. 인간은 분명 고독을 싫어하는 집단적인 동물이다. 게다가 자신의 부족을 가장 과장되게 평가하는 오래된 기초 위에 인쇄기, 전신기, 값싼 우편요금 등을 통해 현대의 민족성이 형성되었다.

세계가 경제적 상호의존과 과학적 연구 그리고 책과 예술의 교환 등에서 효과적으로 세계화되고 있을 때 고대의 부족적 오만함은 엄청난 규모로 발전해왔다.

발명을 통해 인간이 환경, 행동 습관, 삶의 목적에 혁명을 일으킨 것은 인류 역사상 가장 놀라운 일이다. 이 주제는 모호하고 지금까지 다소 소홀히 다루어져 왔다. 그러나 중세 이후, 특히 지난 100년 동안 과학은 변화의 과정을 너무 서둘러서 인간의 일반적인 사고방식이 실제 관행과 생활 조건의 급격한 변화를 따라잡기가 점점 더 어려워졌다는 것은 여기서 말한 것만으로도 충분히 알 수 있다.

제7부

경제 문제에 대한 집착은 혐오스럽고 불쾌한 만큼이나 국지적이고 일시적인 현상이다. 현재의 우리가 17세기에 있었던 종교 논쟁에 대한 집착을 바라보는 것처럼, 미래 세대에게는 경제 문제에 대한 이런 집착이 가련하게 보일 것이다.

14.
탐욕스러운 사회의 병

    자신의 주변 환경을 정확히 평가하는 일은 매우 어려운 작업이어서, 역사학자들은 대체로 이런 평가의 책임을 회피해 왔다. 그들은 종종 만족스럽게 평가하는 일은 불가능하다고 공언했다. 하지만 현재 일어나고 있는 일들에 대해 우리보다 더 잘 아는 사람은 없을 것이다.

    다음 세대에 밝혀질 비밀들도 있겠지만, 현재의 상황들 대부분이 그들에게는 파악하기 어려운 일일 것이다. 그리고 현재의 주변 환경에 대한 이해를 아직 태어나지 않은 사람들에게 떠넘기는 것은 위험하지는 않더라도 분명 무기력하게 보이는 일이다. 나는 오랫동안 역사학자가 지성의 진보에 기여할 수 있는 유일한 방법은 끊임없이 현재를 주시하면서 과거를 연구하는 것이라고 믿어왔다.

역사는 우리의 상황이 어떻게 나타나게 되었는가를 보여주는 것으로 현재에 대한 열쇠를 제공해줄 뿐만 아니라, 동시에 현재와 과거의 현저한 차이를 파악할 수 있는 비교의 근거를 제공해준다. 역사가 없다면 그 본질적인 차이를 파악할 수 없다.

우리 세대는, 이전 세대들과 마찬가지로, 필연적으로 우리가 발견하는 것을 대부분 당연하게 받아들인다. 또한 현재의 상황에 대해 논쟁하는 대다수의 사람들은 현재와 미래에 대한 결론의 근거로서 과거의 상황과 근본적인 유사성을 가정한다.

이러한 추론 과정은 점점 더 위태로워진다. 비록 연속성이 유지된다 해도, 오늘날의 세계와 100년 또는 50년 전의 세계 사이에는 문명이 시작된 이래 그 어떤 시기보다 더 깊고, 더 광범위한 차이가 있기 때문이다.

여기에서 우리의 지식과 환경, 문제와 가능성의 새로움을 설명하려는 것은 아니다. 여기에서는 우리에게 던져진 문제를 파악하고 적절하게 다루는데 있어 기존의 자원을 활용하기 위해서는 전례 없이 열린 정신이 필요하다는 것을 인간의 관심 분야 한 가지를 예로 들어 설명하는 것 외에는 더 이상 할 수 있는 일이 없다.

대부분의 사람들은 우리가 모든 곳에서 확인할 수 있는 비즈니스에 대한 거의 보편적인 집착이 얼마나 새로운 현상인지 깨닫지 못한다. 이미 너무 익숙해져 있어 일상적인 관찰자는 쉽게 간과하게 된다. 규모가 방대하고 훌륭한 성과를 이루었음에도 불구하고, 대량생산과 투기적 이익에 기반을 둔 비즈니스는 새로운 해악을 만들어 내고 사려 깊은 사람이라면 간과할 수 없는 오래된 해악을 강화했다.

그 결과, 과거에 종교와 정치가 그랬던 것처럼 비즈니스는 우리 시대의 가장 큰 쟁점이자 주요한 논의의 주제가 되었으며, 성향에 따라 옹호하거나 공격하는 대상이 되었다.

제조업, 무역, 금융 분야에서 두각을 나타내는 사업가들은 우리 시대의 주요 인물이 되었다. 그들은 국내 및 외교 정책에서 지배적인 영향력을 행사하며, 교육에 보조금을 지급하면서 교육에 대한 확실한 통제권을 행사한다. 다른 시대에는 군대나 종교 계급이 그들과 비슷한 지위를 누렸다.

그러나 이제 기업은 과거보다 지원에 훨씬 더 많이 의존하게 된 군인을 지휘하고 준비시킨다. 대부분의 종교기관은 기업과 쉽게 관계를 맺고, 전혀 간섭하지 않으면서 진심으로 지지한다. 기업에는 인간 본성의 불변하는 특성에 기반을 두고 도덕성 및 애국심과 동일한 것으로 간주하는 철학이 있다. 미묘하고 편협한 이 철학에 대해서는 다음 장에서 설명할 것이다.

인류의 행운아들에게 현대의 비즈니스는 일종의 낙원이 되었다, 그들의 낙원은 전쟁까지 견뎌냈으며, 많은 사람들이 과거의 매력을 되찾고 시간이 흐르면서 더욱 아름다워지기를 희망하고 있다. 이는 인류가 이룩한 가장 놀라운 업적들 중 하나이다. 의심할 여지없이 인구의 상당수가 열심히 일하고 상대적으로 열악한 환경에서 살았지만, 그들은 이전 세기의 고단한 대중은 모르던 안락함을 누리며 상당히 만족하는 것으로 보인다.

하지만 평균 이상의 능력이나 성품을 갖춘 사람이라면 누구나 중산층이나 상류층으로 탈출할 수 있는 길이 있다. 이 계층들은 적은 비용과 최소한의 노력으로 이전 시대의 가장 부유하고 강력한 군주들도 누릴 수 없었던 편리함, 안락함, 쾌적함을 제공받는다.

런던 주민은 아침에 차를 마시면서 침대에서 전화를 걸어 전 세계의 다양한 상품을 필요한 만큼 주문할 수 있고, 주문한 물건이 이른 시일 내 집 앞에 배달될 것이라고 합리적으로 기대할 수 있다. 동시에 같은 수단을 통해 전 세계 어느 지역의 천연자원이나 새로운 기업에 재산을 투자하고, 별다른 노력이나 어려움 없이 미래의 수익과 이점을 누릴 수 있다. …… 원한다면 여권이나 기타 형식적인 절차 없이 저렴하고 편안한 교통수단을 이용해 어느 나라든 쉽게 이동할 수 있다.

그리고 시중 은행의 인근 지점에 고용인을 보내 필요한 만큼의 귀금속을 공급받은 후 외국으로 여행을 떠날 수 있다. 그 나라의 종교, 언어, 관습을 몰라도 부를 쌓을 수 있고 약간의 간섭이라도 받게 되면 권리를 침해받았다며 불쾌해 할 것이다.

그리고 무엇보다 중요한 것은 전쟁 이전에 그는 이러한 상황이, '……정상적이고, 확실하며, 지속적인 것이어서 더 좋은 방향으로 발전할 수밖에 없다고 생각했다. 또한 이 상황에서 벗어나는 것은 비정상적이고, 터무니없는 일이어서 피할 수 있다고 생각했다.

군국주의와 제국주의, 인종 및 문화적 경쟁, 독점, 규제, 배제라는 이 낙원에서 뱀의 역할을 할 프로젝트와 정치는 그가 읽는 일간신문의 오락거리에 불과했으며, 사회적·경제적 삶의 일반적인 흐름에 거의 아무런 영향을 미치지 않는 것처럼 보였다. 이러한 삶의 국제화는 실제로 거의 완성되었다'.*

경제 문제가
종교를 대체하다

지배적인 비즈니스 시스템의 영속성과 정상성에 대한 이러한 가정은 전쟁의 결과로 인해 큰 혼란을 겪었다. 하지만 특별하게도 영국은 예상했던 것보다 적은 영향을 받았다. 끔찍한 전쟁은 단지 전반적으로 유익한 사건의 흐름을 일시적으로 방해했을 뿐이며, 기회가 주어지면 빨리 회복될 것이라고 주장하기 쉬

---

† 케인스 John Keynes 1883~1946, 《평화의 경제적 결과》, 1919.

166

웠다. 이러한 관점으로 상황을 바라보는 사람들은 기업이 생활 필수품과 편의시설을 생산하고 유통하는 오래된 문제를 대체로 해결했다고 생각했다.

이제 남은 것은 시스템을 세부적으로 완성하고, 그 가능성을 더욱 발전시키고 개인적으로 성공을 거두지 못한 무능력자에 대한 감상적인 동정심에 이끌려 이 시스템을 공격하고 파괴하려는 사람들과 필사적으로 싸우는 것뿐이었다.

반면에 전쟁 전에도 이 시스템으로 인해 눈에 띄는 피해를 입지 않았던 많은 사람들이 정의, 경제, 그리고 인류 전체의 최고 이익이라는 명목으로 이 시스템의 이로움과 지속성에 의문을 제기했다.

전쟁 이후로 더 많은 사람들이 지금처럼 운영되고 있는 비즈니스는 사회적 관점에서 볼 때 단순히 불공정하고 지나치게 소모적이며 매우 부적절할 뿐만 아니라, 역사적 관점에서 볼 때 '대단히 이상하고 불안정하며, 복잡하고 신뢰할 수 없으며 일시적인 것'이라는 결론에 이르렀다.

이 시스템은 우리 시대의 가장 기묘한 일이 될 수도 있다. 봉건제도나 중세교회 또는 신의 은총으로 군주 역할을 했던 체제처럼 일시적인 것이 될 수도 있으며, 지금으로선 전혀 예측할 수 없는 변화를 쉽게 뵐 것이나.

어쨌든 경제 문제는 우리 시대의 가장 중요하고 까다로운 문제다. 경제 문제와 관련하여 자유로운 사고가 가장 어렵고 오해받기 쉬운 이유는 애국심, 도덕성, 심지어 종교의 전통적인 경외심이나 신성함과 쉽게 혼동되기 때문이다.

이러한 상황은 삶의 다양한 가능성을 모두 물질적 전제조건에 종속시키는 굴욕적인 측면이 있다. 마치 우리가 다시 한 번 무력한 야만 상태로 돌아가 뿌리를 캐고 딸기와 죽은 동물을 찾아 헤매는 것과 같다. 최근 뛰어난 영국 경제학자 중 한 명은 진심으로 이렇게 말했다.

'우리 문명의 문제는 많은 사람들이 생각하는 것처럼 단순히 산업 생산품의 잘못된 분배나 폭압적인 관리, 심각한 의견 차이로 인한 운영의 중단뿐만이 아니다. 더 근본적인 문제는 산업 자체가 인간의 이해관계들 중에서 배타적인 우위를 차지하게 되었다는 것이다.

물질적 생존수단의 제공과 같은 단일한 이익이 이러한 배타적인 지위를 차지하는 것은 적절하지 않다. 마치 자신의 소화과정에 너무 몰두한 나머지 살아보기도 전에 무덤으로 가는 건강염려증 환자처럼, 산업화된 공동체는 부를 획득할 수 있는 수단에 대한 열광적인 집착 때문에 획득할 가치가 있는 부의 목적 자체를 무시하고 있다.

경제 문제에 대한 이러한 집착은 혐오스럽고 불쾌한 만큼이나 국지적이고 일시적인 현상이다. 현재의 우리가 17세기에 있었던 종교 논쟁에 대한 집착을 바라보는 것처럼, 미래 세대에게는 경제 문제에 대한 이런 집착이 가련하게 보일 것이다.

실제로 경제 문제는 종교 논쟁보다 중요하지 않은 대상을 다루고 있기 때문에 덜 합리적이라고 할 수 있다. 이는 모든 상처에 염증을 일으키고 사소한 상처마저도 악성 궤양으로 변화시키는 독약이다'.＊

우리 비즈니스 시스템에 대한 상충되는 견해들의 장점이 무엇이든, 상상력이 풍부한 사람들을 모두 흥분시키고 있다는 것은 분명하다. 시인, 극작가, 소설 작가들은 전통적인 주제에서 벗어나 경제학자의 역할을 수행한다. 심리학자, 생물학자, 화학자, 엔지니어는 과거의 어느 때보다 자신의 정보 영역과 사회 및 산업 조직의 일반적인 문제 사이의 관계를 발견하기 위해 노력하고 있다.

그리고 여기 한 역사학도가 한때 열심히 연구하던 중세 연대기, 교회사, 심지어 17세기 합리주의자들까지 제쳐두고 이윤 체계에 대해 어느 정도 타협할 수 있는지 알아보려 하고 있다.

＊ 영국의 경제사학자, 리처드 타우니Richard Tawney 1880~1962, 《탐욕스러운 사회》, 1920.

그렇게 하지 않을 이유가 있을까? 우리 모두가 관련되어 있는 문제가 아닐까? 우리는 모두 구매하고 판매한다. 아무런 잘못을 하지 않아도 2~3년 안에 소득이 절반으로 줄어들 수도 있는 상황에 영향을 받지 않는 사람은 아무도 없다.

하지만 이 책의 앞 부분에서 제시한 우리 시대의 난제에 대한 우리의 태도에 미치는 영향을 규명하기 전에, 기존의 시스템을 옹호하기 위해 일반적으로 제시되는 '좋은 이유'를 더 신중하게 생각해봐야 한다.

제8부

우리를 가로막는 것은 두려움이며, 두려움은 무지와 불확실성에서 비롯된다.

15.
억압의 철학에 대한 역사적인 반성들

비판을 두려워하지 않는 정신의 자유

이 책의 서두에서 '만약 사람들이 현재 세상을 보는 일반적인 방식과 다르게 볼 수 있게 된다면 가장 충격적인 병폐들이 저절로 치유되거나 점진적으로 제거되거나 감소될 것'이라고 했다. 이러한 병폐들 중 가장 근본적인 것은 기존 질서에 대한 비판을 방어하려는 태도와 비판자들을 사회의 적으로 분류하려는 단순한 경향이다.

인류 역사에 대한 더 완벽한 이해는 비판을 환영하고 그 장점에 대한 공정한 판단을 허용하는 근본적인 정신의 자유에 기여할 것이다. 비판이 폭력과 파괴로 이어진다며 억압하려 했던 사람들의 주장을 약화시키거나 실효성을 잃게 만들었던 역사적 사실들을 다시 한 번 살펴보기로 하자 인간은 자신의 문명에 완벽하게 적응할 수 없었고, 언제나 상당히 많은 불의와 불균형을 지성의 힘으로 크게 감소시킬 수 있었던 것으로 보인다. 하지만 이제는 이런 만성적인 고통이 더 심해진 것으로 보이며 일부 주의 깊은 관찰자들은 생각을 훨씬 더 높은 차원으로 끌어올리지 않는다면 문명에 커다란 차질이 불가피하다는 매우 솔직한 확신을 표명하고 있다.

그러나 전통적인 생각과 규칙을 철저하게 재검토하는 대신, 우리는 인간의 행위에 관한 기존의 관습적인 생각을 정당화하려는 충동을 갖고 있다. 소위 '급진적인' 사고의 확산을 억제함으로써 현재의 체계가 100년 전이나 십만 년 전의 생각을 바탕으로 만족스럽게 작동하도록 만들 수 있다고 자화자찬하는 사람들이 많다.

우리는 인간의 낡은 세계를 변화시키기 위해 자연과학에 자유로운 생각을 허용했지만, 학교와 심지어 대학에서도 과거에는 적절했을지 모르지만 지금은 분명히 시대착오적인 믿음과 이상을 계속 주입하도록 허용하고 있다.

우리 학교에서 가르치는 '사회과학'은 우리 주변에서 나타나는 새롭고 당혹스러운 사실들을 파악하도록 이끄는 것이 아니라 관습적인 타당성을 질서정연하게 제시하는 것처럼 보이기 때문이다.

20세기가 시작되면서 소위 인간과학은 약간의 진보에도 볼

구하고 몇 세기 전의 자연과학과 거의 동일한 태도를 고수하고 있었다. 홉스는 스콜라 철학에 대해 '뻣뻣한 쇠다리와 불안정한 당나귀다리로 걷는다'고 했다. 이것이 오늘날 우리가 처해 있는 곤경으로 보인다. 우리의 과학적인 다리는 튼튼하고 날마다 강해지고 있지만, 그 동료인 인간과 인간의 빈약한 자산에 대한 우리의 생각은 변덕스럽고 위태롭다.

우리는 18세기의 자신만만한 철학자들이 인류가 오래된 사슬을 벗어던지고 있으며, 미신을 걷어내고, 과학의 새로운 성취로 인간은 대담하고 빠르게 지금까지 생각조차 해보지 못했던 화합과 행복을 향해 전진할 것이라고 믿었던 '계몽'의 희망을 실현하지 못했다.

우리는 영국 고전 경제학파의 그럴듯해 보이는 정확성을 더 이상 신뢰할 수 없다. 그들이 내세운 전제는 더 깊은 생각과 경험에 의해 거짓으로 밝혀졌다. 그렇다면 우리는 정말로 새로 시작해야만 한다.

자연현상을 연구하는 과학자들은 일찍이 그들이 가야 할 길이 험난하다는 것을 깨달았다. 무엇보다 그들은 과거로부터 벗어나야 했다. 과거를 바탕으로 철학과 도덕을 설파하는 사람들이 아무런 도움이 되지 않는다는 것을 인식했다. 그들은 스스로 빛을 찾아야 했고, 빛이 올 것으로 추측되는 방향을 봐야 했다. 베이컨이 말했듯이 그들의 첫 번째 목표는 '결과'가 아닌 '빛'이었다. 변화를 시도하기 전에 배워야 했으며, 데카르트는 철학적 의심이 일상적인 행동으로 이어져서는 안 된다고 조심스럽게 말했다. 널리 통용되는 기준이 명확하지 않을 수 있다 해도 당분간은 따르는 것이 좋다.

이것이 인간사에 대한 통찰력을 추구하는 사람의 마음가짐이어야 한다. 하지만 이 주제는 자연과학자의 주제보다 훨씬 더 복잡하고 다루기 어렵다. 자연과학이 자체적으로 개발한 실험은 인류의 문제를 연구하는데 쉽게 적용할 수 없다. 인류를 연구하는 사람은 자연을 연구하는 사람보다 극복해야 할 뿌리 깊은 편견이 더 많으며, 선천적으로 배양된 정신의 약점을 경계해야 한다.

초기 과학자들처럼 학문적 전통에 맞서 싸워야 한다. 현재와 같이 운영되는 대학의 도움을 기대할 수 없다. 성직자들은 성서에서 발견되는 내용에 대해서는 덜 민감하지만, 자신들이 익숙해져 있는 도덕 기준에 대한 철저한 비판에는 여전히 강력하게 반대한다. 자신의 직업을 냉정하게 바라볼 수 있는 변호사는 거의 없다.

또한 정치인의 후원은 일반적으로 교회, 법조계 및 교육계급의 지원을 받는 막강한 사업적 이해관계와 엮여 있다. 신문과 잡지는 사업가의 자금으로 생계를 유지하기 때문에 그들의 영향력 아래에 있게 된다.

비즈니스는 사실상 우리의 종교가 되었다. 마치 옛 로마 황제와 중세 군주들이 교회를 보호했던 것처럼, 이제는 정부가 기업을 지켜준다. 사회주의자와 공산주의자들은 우리 시대의 이단자와 같다. 이단자로서 배척당하고 억압받으며, 예전처럼 지옥으로 곧장 보내지는 것은 아니지만 러시아로 추방당하고 있다.

미국의 정보국은 마치 새로운 종교를 지키는 현대의 종교재판소와 같은 역할을 수행하려는 것 같다. 수많은 기록보관소에는 '통상적인 기업 활동'을 비난하거나 국가 간의 평화에 너무나 많은 사랑을 쏟는 의심스러운 이단자들에 대한 증거가 수집되어 있다. 책과 팜플렛들은 더 이상 사형집행인에 의해 불태워지지는 않지만, 다소 식별력이 부족한 공무원들에 의해 우편 발송이 금지되곤 한다.

비판에 대한 억압은
오래된 함정

우리는 중세시대와 마찬가지로 고귀한 비난과 강한 분노를 담은 경건한 어휘들을 가지고 있으며, 그 일부는 당시와 마찬가지로 진실하지만 지혜롭지는 않다. 이것이 인간의 문제를 연구하는 학생이 극복해야 할 장애물의 일부이다. 그러나 우리는 비판에 대한 억압이 (그러한 비판이 결점찾기가 되고 기존의 관습과 제도에 대한 비난의 형태를 취한다 해도) 이 세상이 처한 상황에 적합하지 않고 부적절하다는 것이 점점 더 명확해지기를 바랄 수 있다.

실제로 불법과 무질서를 옹호하는 사람들이 폭력과 파괴의 원인이 될 것인지를 주의 깊게 관찰하고 확인해야 한다고 가정해 보자. 하지만 우리 시대의 표준화된 불공평과 부적응에 대해 의문을 제기하고 심지어 약간의 열의를 갖고 비난하는 사람들과 그들을 구별할 수 없을까?

선동가라고 과장해서 부를 수 없는 또 다른 계층이 있다. 이들은 사색을 통해 우리의 상황이 지난 100년 동안 크게 변화했고 지식이 획기적으로 증가했음을 깨달았다. 그들은 기존의 행동 방식과 관점이 불합리할 뿐 아니라 실제로 위험하다고 생각한다. 하지만 전쟁의 히스테리가 대중의 마음을 너무 불안하게 만들었기 때문에 이 두 번째 계층조차도 불명예스러운 비난과 일정 정도의 간섭을 받게 된다.

우리는 이런 개인이나 단체가 폭력적인 정부 전복을 옹호하거나, 헌법을 따르지 않거나, 사유 재산이나 가족의 폐지를 위해 공개적으로 또는 비밀리에 일하고 있거나, 일반적으로 '모든 것을 뒤엎으려 한다'는 비난을 끊임없이 듣게 된다.

역사학자라면 집단과 개인에 대한 이러한 비난을 경계해야 한다는 것을 알고 있다. 그들은 평편이 나빠진 사람들에게 믿지도 않는 신념을 갖고 행동했다는 비난을 덮어씌우는 것이 항상 관습이었다는 것을 알기 때문이다.

소크라테스는 젊은이들을 타락시키고 신에 대한 불경죄를 저지르게 한다는 이유로, 예수는 정부 전복을 꾀했다는 이유로 처형당했다. 루터는 관료들에게 '모든 법으로부터 분리되고 전적으로 야만적인 자유롭고 자기 의지적인 삶'을 가르친 사람으로 여겨져 처형당했다.

17세기 성직자, 교수, 판사들은 주술에 대한 대중의 미신에 의문을 제기하는 사람들을 무신론자나 다를 바 없다고 주장했다. 그들은 천벌에 대한 두려움 없이 신을 공경하지 않고 살기 위해 악마의 존재를 의심한다는 것이었다. 인류의 이러한 집요한 습성을 생각할 때, 경찰이나 법무부 또는 자칭 수사관들이 자신들의 눈에는 이미 범법자인 사람들의 가르침에 대해 보고하는 것을 과연 액면 그대로 받아들일 수 있을까?

물론 이미 인정받고 있는 생각에 대한 비판은 불쾌감을 줄 수 있으며 앞으로도 그럴 것이다. 결국 말과 글은 행위의 한 형태이며, 모든 행위와 마찬가지로 현재의 존경할 만한 행동의 기준에서 벗어날 때 불쾌감을 줄 수밖에 없다.

종교, 도덕, 재산에 대한 확립된 관념, 도둑질과 살인에 대한 우리의 생각이 결함이 있고 수정이 필요한 것처럼 말하는 것은 현재의 행동 규칙을 위반하는 것보다 실제로 더 충격적인 일이다. 우리는 항상 일어나고 있는 실제 범죄, 경범죄, 죄악에 익숙해져 있지만, 이론적으로 이를 완화하려는 시도는 용납하지 않을 것이기 때문이다.

생각이 깊지 않은 사람들에게는 새로운 견해가 분명 악한 행동을 정당화하거나 폭력과 반란을 부추기는 것으로 보일 것이며, 그에 따라 격렬한 비난을 받게 될 것이다. 그러나 지능이 높아진다고 해서 점점 더 많은 사람들이 이 오래된 함정에 대해 경계하지 않을 이유는 없다.

두려움은 무지와
불확실성에서 비롯된다

우리 문명을 위협하는 위험에 용기 있게 맞서고 성공적으로 극복하려면 그 어느 때보다 더 많은 '지적 노력'이 필요하다는 것은 분명하다. 또한 우리가 간절히 원하고 이미 가지고 있는 자원을 활용한다면 지금보다 더 많은 지적 능력을 가질 수 있다는 것도 분명하다.

앞서 정의했듯이 정신이란 '의식적인 지식과 지성, 우리가 알고 있는 것과 그에 대한 우리의 태도, 즉 정보를 늘리고 분류하고, 비판하고, 적용하려는 우리의 경향'이다. '이런 의미에서 정신은 축적의 무세이너 인간이 문명에 첫발을 내디던 때대고 게

속 만들고 있는 중이라는 것은 분명하다.' 나는 인류의 오랜 역사가 우리의 곤경을 해석해주고, 우리가 가야 할 길을 비추는 방식을 제시하려고 노력해 왔다.

그리고 역사는 생물학자, 인류학자, 그리고 최근의 심리학자들이 제공한 인간의 본성과 기원에 대한 지식에 주의를 기울이기 시작했다.

이 모든 인간과학의 목표와 방법에 이미 영향을 미치기 시작한 희망적인 혁명을 알아차리는 사람은 거의 없다. 이전 세대의 사상가들은 겸손하게 자신의 무지를 인정하고 각각의 새로운 발견이 문제의 복잡성을 더욱 드러내는 경향을 인식할 준비가 되어 있지 않았다.

반면에 우리는 마침내 새롭게 시작할 수 있는 기회를 얻었다고 생각하는 것이 정당하다. 우리는 18세기의 소위 '자유로운' 사고를 방해했던 다양한 선입견과 편견으로부터 그 어느 시대보다 자유로워졌다. 자연과학의 기준과 분위기는 인간의 본성, 신념, 제도에 대한 열렬한 연구를 자극하는데 점점 더 많은 영향을 미치고 있다. 베이컨이 평범한 '사물'에 대한 연구를 권장하면서 인간의 정신은 새로운 발전 단계에 접어들었다.

이제 역사의 힘이 평범한 '인간'을 전면에 내세워 과학적 연구의 대상으로 삼아 인간의 본성에 대한 기초지식을 얻고 있다. 이런 기초지식은 진정한 민주주의를 위한 유일한 토대를 형성할 수 있기 때문에 널리 확산되어야 한다.

　내가 인간의 삶에서 과학이나 정확한 지식의 역할을 과대평가한다고 추측하지 않았으면 한다. 과학은 우리가 살고 있는 세상과 인간의 본성에 대한 가장 정확한 정보일 뿐, 삶의 전부는 아니다. 몇몇 특별한 사람들을 제외하고는 과학이 우리의 정서적 만족을 가장 매력적이고 생생하게 채워줄 수는 없다. 우리는 시적이고 예술적이며 낭만적이고 신비로운 존재이다. 우리는 삶을 냉정하게 분석하고 평범하고 잘 입증된 것으로 축소하는 것을 꺼리며, 이것이 결국 과학적 노력의 목적이라고 말한다.
　하지만 우리는 끊임없이 축적되는 지식을 바탕으로 변화하는 세상에 적응해야 한다. 세상을 변화시킨 것은 지식이며, 우리는 새로운 환경에 적응하고, 평화와 질서 그리고 과학 자체보다 더 매력적인 것들을 추구할 수 있는 안전을 확보하기 위해 지식과 이해에 의존해야 한다.
　우리 세대만큼 당혹스러웠던 세대는 없었지만, 늘어나는 물질적, 지적 자원을 대담하고 현명하게 활용할 수만 있다면 더 큰 희망을 품을 수 있는 자격이 있는 세대는 없었다.
　우리를 가로막는 것은 두려움이며, 두려움은 무지와 불확실성에서 비롯된다. 우리는 불확실성으로 우리의 무지를 용납하고 무지로 우리의 불확실성을 변명하려 하기 때문에 이 묶는 시로를 강화한다.

숫기 없는 사람이 자신의 열등감과 어색함을 무례한 공격으로 상쇄하려는 것처럼, 생각과 믿음에 대한 열렬한 방어는 확고한 자신감을 나타내는 것이 아니라 종종 우리 자신에게도 숨기려 하는 절반의 불신이다.

예를 들어 종교적 믿음이 정말 확고하게 자리 잡았다면 오늘날의 비즈니스 시스템, 정치 및 국제 관계와 마찬가지로 '신앙에 대한 보조 수단'은 필요하지 않았을 것이다. 정직하게 생각한다면, 우리는 사물을 있는 그대로 보는 것을 두려워한다. 우리에게 익숙하고 인정하고 있는 세계를 낯설고 생소하게 변형시키는 것이 비판적 사고의 본질이기 때문이다. 공정하고 정직하게 장단점을 따져보려는 것에 대한 현재의 격렬한 반대는 분명 기존 사회제도의 불안정성에 대한 신경질적인 반응이다.

당파성은 우리에게 내려진 가장 위험한 저주다. 우리는 모든 일에는 양면성이 있으며 어느 한쪽 편에 서는 것이 의무라고 너무 쉽게 생각한다. 우리는 무언가를 방어하거나 공격해야만 한다. 오직 소심한 사람들만이 '이게 다 무슨 소용이 있다는 거야?'라는 뻔뻔한 질문을 던지며 타고난 비겁함을 숨긴다. 주님의 갑옷을 입은 영웅들은 어깨에 띠를 두르고 근육질의 긴장감을 조성하여 의심을 없애고 편견과 광신의 풍요로움을 낳는다.

이런 분위기에서 질문은 편의성과 비효율성의 문제가 아니라 옳고 그름의 문제가 되고 만다. 케임브리지의 잘난 사람들은 가장 복잡한 사회적, 경제적 문제를 즉시 단순한 도덕적 문제로 축소할 수 있다고 한다. 이것은 많은 사람들이 쉽게 포기하는 사탄의 계략이다.

그러나 개인이 생각에 대한 두려움을 극복하는 것은 가능하다. 한때 나는 사람들이 너무 많이 생각할까봐 걱정했지만, 이제는 사람들이 너무 적게, 너무 소심하게 생각할까봐 걱정한다. 진정한 생각은 드물고 어려우며, 오래되고 타고난 수많은 낙담과 장애에 맞설 모든 동기가 필요하다는 것을 알았기 때문이다.

우리는 먼저 정신을 자유롭게 하기 위해 단호하게 노력한 다음, 다른 사람들의 정신을 자유롭게 하기 위해 할 수 있는 일들을 해야 한다. '항상 감사하라!' 현재의 깨달음에 도달하는 데 50만 년에서 100만 년이 걸린 인류의 일원으로서, 우리 중 누구라도 너무 부지런히 또는 지나칠 정도로 과도하게 지능을 계발할 가능성이 있다고 생각할 이유는 거의 없다.

16.
어떻게 해야 할까?

단순한 합리화에 빠지지 않기 위한 노력

월터 리프민*이 잘 표현했듯이 우리 시대는 선례 없는 책임감의 시대다.

우리는 그 어느 때보다 우리 자신에게 전적으로 의존해야 한다. 우리를 대신해 생각해줄 보호자도 없고, 의심 없이 따를 수 있는 선례도 없으며, 우리 위에 군림하는 법률가도 없다. 다만 지루하고 힘든 혼란을 다루기 위해 임명된 평범한 사람들만 있을 뿐이다. 모든 약점이 수면 위로 드러난다.
우리는 상상력을 자극하고 유혹하는 기계들과 길들여지지

---

* Walter Lippmann 1889~1974: 미국의 평론가

않은 권력들의 정글 속에 사는 노숙자들이다. 물론 우리의 문화는 혼란스럽고 사고는 경련을 일으키며 감정은 엉망진창이다. 20세기에 태어난 평균적인 인간보다 더 어두운 미지의 바다에 뛰어든 선원은 없었다. 우리 조상들은 태어날 때부터 영원까지 자신의 길을 알고 있다고 생각했지만, 우리는 당장 내일에 대해서도 혼란스러워한다. …… 해방과 함께 진정한 과업이 시작되었으며, 자유는 엄격한 도전이다. 자유가 주인의 보호와 사제의 위로를 없애버렸기 때문이다. 우상파괴자들은 우리를 해방시키지 못했다. 그들은 우리를 물속으로 내던졌고 이제 우리가 헤엄쳐 나가야 한다. ―《표류와 지배》

우리는 앞으로도 끊임없이 새로운 곤경과 모험을 맞이해야 한다. 지식은 계속해서 증가할 것이고 필연적으로 우리가 적응해야 할 세상을 변화시킬 것이라는 단순한 이유 때문에, 예전처럼 어떤 문제가 완전히 해결된다고 생각할 수는 없다. 변함없이 유지될 수 있는 것은 오직 앞으로의 삶의 게임을 펼쳐나가야 하는 규칙과 조건에 적합한 정신 태도와 끊임없는 기대뿐이다.

우리는 이러한 진실을 바탕으로 새로운 결속과 협력을 촉진해야 한다. 즉, 전통 대신 목적을 추구해야 하며 이것이 우리가 직면한 위대한 변혁을 간결하게 표현한 것이다.

그리고 힘들게 진화해온 모든 제도가 이신반고, 모든 합의가

도전받고, 모든 신조가 무시당하는 지금, 고대 소피스트들만큼, 어쩌면 그 이상으로, 우리에게 요구되는 것은 모든 근본적인 확신의 근거를 탐구하고, 시험하고, 필요하다면 재구성하는 것이다. 결론을 내릴 수 없는 모든 문제는 새로운 기회이기 때문이다. 오래된 등대는 위치를 옮겼거나 꺼졌다. 최근까지 사소하다고 생각했던 몇 가지 문제들은 우주적인 차원의 문제가 되었다.

우리는 모두 너무 거대한 질문과 '맞닥뜨리고' 있기 때문에, 좁은 의식의 영역에서 완전히 밝혀내기에는 모든 분야에서 부족하다고 느끼고 있다. 따라서 낡은 지도자, 표준, 기준, 방법, 가치에 대한 새로운 불만과 새로운 것들에 대한 요구가 모든 곳에서 일어나고 있다.

인류는 이제 방향을 바꾸어 영원한 별을 기준으로 삼아야 하며, 더 이상 과거의 낡은 예측으로 미지의 미래를 향해 나아가면 안된다는 깨달음이 나타나고 있다.

한마디로 인생은 우리의 깊은 종교적 갈망을 충족시킬 만큼 무거운 책임과 거대한 판돈이 걸린 엄숙한 스포츠가 되었다. 우리는 이 게임을 즐기거나 거부할 수 있다. 현재 정부, 교육, 사회, 종교 등 대부분의 인간 조직은 항상 그래왔듯이 현상을 유지하면서 과거의 믿음과 정책을 영속시키려는 방향으로 나아가고 있다. 새로운 지식과 새로운 조건에는 지나치게 조심스러운 재조정만 하고 있을 뿐이다,

반면에, 우리의 지식을 수정하고 확장시키는데 열중하는 다양한 과학단체들이 있다. 그들은 더 많은 정보에 따르는 비판을 견뎌내지 못하는 믿음이나 방법을 유지시키려고 노력하지 않는다. 단순한 합리화에 빠져버리는 것에 대한 두려움은 소위 자연과학에서 심리학, 인류학, 정치학, 정치경제학으로 점차 확장되고 있다. 이 모든 것은 새로운 상황을 기대하는 반응들이다.

그러나 이미 지적했듯이, 사회적, 경제적, 정치적 규범과 관습에 대한 솔직한 토론은 쉽사리 이단과 불신앙이라는 혐의를 받게 된다. 18세기에 전지전능한 신의 이름으로 행해지는 기적을 믿지 않으려 했던 '자유사상가'는 무신론자이며 신을 전혀 믿지 않는다는 비난을 받았다.

따라서 사회 조직에 대한 우리의 이상을 품위 있게 만들려는 사람들은 '지식인' 또는 '말뿐이 과격론자'로 묘사된다. 그들은 도덕적, 종교적 구속에서 벗어나기 위해 사회와 과거의 모든 업적을 전복하고 '무상으로 무언가를 얻으려는' 사람들이라는 것이다. 실제로 이런 대비는 매우 정확하다.

교회는 항상 새로운 이단은 없다고 주장했다. 조사해 보면 모두 오래되고 믿을 수 없는 것으로 판명된다는 것이다. 그래서 최근에 미국의 어떤 정치인은 이렇게 선언했다.

인간은 크고 작은 다양한 방식으로 급신석이 이톤봉을 수 없이 많이 실험해왔지만, 언제나 완전히 실패했다. 그것들은 새로운 것이 아니라 오래된 것이다. 실패할 때마다 노력 없이는 성공할 수 없다는 사실이 새롭게 입증되었다. 인류는 공짜로 얻은 것이 없다.

하지만 이것은 명백한 진실을 완전히 뒤집는 것이 아닐까? '급진적인' 것을 결코 성공하지 못하는 것으로 정의하지 않는 한, 역사에 대한 기초적인 개념을 가진 사람이라면 오늘날 우리가 소중히 여기는 거의 모든 것들이 전통에 대한 반란을 나타내며, 현재의 믿음과 관행에서 충격적으로 이탈하면서 시작된 것임을 어떻게 알아차리지 못할 수 있을까? 기독교, 개신교, 입헌정부, 오래된 미신의 거부와 현대 과학사상의 수용은 어떨까?

우리가 보았듯이 창의적인 사고는 극소수의 사람들에게만 국한되어 있기 때문에 인류는 항상 공짜로 무언가를 얻어왔다. 그리고 너무 공개적으로 창의적인 생각을 주장하는 사람들을 공로에 따라 보상하는 것이 아니라 억누르거나 죽이는 것이 관행이었다.

마치 사회를 교란하는 사람들의 기묘하고 비뚤어진 야망인 것처럼 끊임없이 반복되는 '공짜로 무언가를 얻는다'는 말에 대해 궁금해 할 수밖에 없다. 사실상 우리가 가진 것은 거의 모두 공짜로 주어진다,

현실에 가장 만족하는 보수주의자가 글쓰기 기술이나 인쇄기를 발명했다거나 종교적, 경제적, 도덕적 신념을 발견했다거나 고기와 의복을 공급하는 장치 또는 문학이나 순수 예술에서 얻을 수 있는 쾌락의 원천을 발견했다고 우쭐해 할 수 있을까? 요컨대 문명은 공짜로 무언가를 얻는 것에 지나지 않는다. 다른 기득권과 마찬가지로 '공짜로 얻은 정당한 권리'이다.

이런 진실이 토론의 기준으로 받아들여진다면 얼마나 많은 밉살스러운 추론과 얼마나 많은 어리석은 비난이 사라질까! 당연하게도 이익에 기반을 둔 현재의 비즈니스 시스템과 주식의 부재자 소유권만큼 공짜로 무언가를 얻으려는 체계적인 노력의 악명 높은 예는 없다.

인쇄술이 발명된 이후로, 사실은 그 훨씬 전부터 변화를 두려워하는 사람들은 책을 공격하여 비판을 억누르려고 시도했다. 책들은 내용에 따라 정통이거나 이단, 도덕적이거나 부도덕한 것, 반역적이거나 충성스러운 것으로 분류되었다. 불행히도 이러한 관습은 지속되고 있으며 건전한 것과 건전하지 않은 것, 급진적인 것과 보수적인 것, 안전한 것과 위험한 것 사이의 구분으로 나타나고 있다.

책에 대해 물어볼 만한 현명한 질문이라면, 우리 상황을 더 명확하게 이해하는데 기여하는지, 중요한 고려사항들과 그것에서 도출되는 주론을 추가하거나 재확인하는지 여부이나. 이러한 책들은 막연한 불만이나 모방의 표현, 또는 있는 그대로거나 그렇지 않다는 이유만으로 어떤 것을 비난하는 것과 대비될 수 있다. 개인적으로 나는 이렇다 저렇다 목청 높여 외치는 사람들을 신뢰하지 않는다.

제도와 이상은
반쯤 해결된 문제일 뿐

　사회 질서의 전면적인 재구성을 주장하는 것은 시기상조이지만, 실험과 제안을 방해해서는 안 된다. 우리에게 먼저 필요한 것은 점점 더 많은 사람들이 과거와 미래에 비추어 사물을 있는 그대로 볼 수 있도록 하는 정신의 변화와 냉정한 분위기다.

　우리는 모두 반소경이지만, 시력을 선명하게 하기 위해 다양한 수단을 사용하는 다른 사람들보다 더 심하게 눈이 어두운 사람들도 있다. 구경꾼으로서 나는 '급진주의자'와 그들의 선명한 반대자들이 추천하는 렌즈가 우리의 타고난 난시를 감소시키기보다는 오히려 증가시키는 경향이 있다고 말하는 것이 안전해 보인다.

　적어도 이 글에서 정리한 '사실'과 명시적 또는 암묵적으로 제시된 주요 '추론'에 전반적으로 동의하는 사람들은 우리의 교육 시스템과 목표가 어떻게 재정비되어야 다음 세대가 삶의 조건을 이해하고 그 가능성을 더 잘 활용하고 이전 세대보다 더 능숙하게 위험에 대비할 수 있을지 궁금해 할 것이다.

현재 우리의 교육 방식과 그 정교한 무용성에 대한 불만은 널리 퍼져 있다. 하지만 근본적인 어려움의 극복은 매우 어려운 것이 분명하기 때문에 근본적인 어려움에 직면하려는 의지는 거의 없는 것 같다. 우리는 감히 소년과 소녀, 젊은 남녀에게 사회 재건이 절실한 시대에 그들에게 가장 유용한 것이 무엇인지 말할 만큼 정직하지 못하다.

교육의 표면적인 목표는 다양하며, 그 중에는 젊은이들이 나중에 투표권을 가진 시민으로서 역할을 할 수 있도록 준비시키려는 시도도 포함되어 있음을 보았다. 젊은 세대가 이전 세대보다 더 나은 역할을 하려면 그들을 다르게 키워야 한다.

제도와 이상에 대한 일반적인 태도를 달리해야 하며, 제도와 이상을 표준화되고 신성한 것으로 가르치는 대신 반쯤 해결된 문제라고 생각하도록 가르쳐야 한다. 교육에서 실제로 지배적인 세력을 고려할 때 근본적인 사회적, 경제적, 정치적 재조정 문제에 대한 젊은이들의 판단력을 어떻게 배양할 수 있을까? 이러한 제약이 약화되거나 제거되더라도 이 과제는 매우 섬세한 문제로 남을 것이다.

교사들이 자유롭고 그들보다 훨씬 더 많은 정보를 가지고 있다고 해도, 젊은이들에게 인류의 업적과 전통적 이상에 대한 정당한 존경심을 키우는 동시에 만연한 학대, 비난 받아 마땅한 어리석음, 일반적인 부정직, 공허한 정치적 사탕발림에 대한 필수 지식을 개발하는 것은 쉬운 일이 아닐 것이다.

그러나 이 문제는 해결해야만 하며, 직접 또는 간접적으로 해결할 수 있다. 직접적인 방법은 실제 상황과 방법, 그 효과, 좋은 점과 나쁜 점을 최대한 사실적으로 설명하는 것이다. 지금보다 더 좋은 책이 있다면 교사들은 정부가 어떻게 운영되어야 하는지는 물론 실제로 어떻게 운영되고 있는지 재치 있게 보여줄 수 있을 것이다. 정치 부패, 뇌물 수수, 낭비, 무능에 관한 확실한 정보를 제공하는 연방 및 주정부 조사위원회에 대한 많은 보고서가 있다.

이러한 것들은 정부에 대한 '이해'에 절대적이며 필수적이지만, 지금까지는 정부와 관련된 '과학'과는 아무런 관련이 없는 것으로 여겨져 왔다. 비즈니스, 국제 관계, 인종적 적대감의 문제에서도 비슷한 성찰이 나타난다.

그러나 학교가 정치인들의 예산 지원에 의존하고, 대학이 주로 기업인이나 국가의 지원을 받으며, 기존 체제를 비판으로부터 보호하려는 사람들의 통제 하에 있는 한, 정부와 기업에 대한 기존의 관념에 효과적으로 의문을 제기하는 교육에 대한 희망을 찾아보기는 어렵다.

그들의 비판이 지적으로 약이 될 수 있을 만큼 충분히 정직하게 논의될 수는 없다. 우리는 용감하고 솔직한 사람들, 그리고 그들의 신념에 대한 용기를 가진 사람들에게 찬사를 보내지만, 그러한 신념이 우리의 마음에 들거나 우리와 관계가 없을 때만 그렇게 한다. 그렇지 않으면 정직과 솔직함은 단순한 뻔뻔함이 되고 만다.

비판적이고 개방적인
세대를 위한 교육

정치와 경제는 시간이 지날수록 더 잘 가르칠 수 있고, 또 가르치고 있다. 둘 다 예전처럼 완전히 비현실적이며 인간의 행위들과 무관한 것이 아니다. 정치경제학 교사가 생산에 대한 제약과 기술자에 대한 의존성이 있는 산업 이윤 시스템의 실제 작동 방식을 설명하고, 투기적 배당보다는 현재의 이자율에 기초해 기능이 없는 부재주주로부터 자본을 모을 가능성을 제시하지 못할 이유가 없다. 노동자의 실태, 현재의 불안정한 상태, 과도하고 낭비적인 고용과 해고의 만연, 노조의 정책, 방어 및 공격 전술에 대해 설명할 수 있다.

모든 젊은이들은 '사유재산'이나 '자본'이 진짜 문제가 아니라 (그 본질에 의문을 제기하는 사람은 거의 없으므로), 산업 기업의 전통적인 동기, 즉 한편으로는 노동자 대중에 대한 노예와 같은 가혹한 강제, 다른 한편으로는 투기적 이윤이 현재의 기업 시스템을 지배하는 새로운 문제라는 어렴풋한 개념을 가질 수 있을 것이다.

기존의 조직은 점점 더 특히 낭비적이고 무자비하며 불공정해질 뿐만 아니라 여러 가지 이유로 붕괴되기 시작하고 있기 때문이다. 요컨대, 현재 삶의 필수품과 편의시설을 생산하는 방식의 장점이 무엇이든 간에, 근본적인 수정 없이는 과거와 마찬가지로 무한정 성공할 수 없는 것처럼 보인다.

정치 생활과 관련하여 학생들이 정치인의 공허한 선언과 사실에 대한 진술, 모호한 정당 프로그램과 구체적인 권고 및 제안을 성공적으로 구별하는 습관을 기른다면 많은 것을 성취할 수 있을 것이다. 학생들은 언어가 주로 아이디어와 정보를 전달하는 수단이 아니라 다양한 탄식, 투덜거림, 호통, 환성, 비웃음 등에 해당하는 감정적 배출이라는 것을 조기에 배워야 한다.

사실과 목적을 표현하는 데 사용되는 언어와 위선적인 주장, 상냥하게 비난하는 태도 또는 상대방을 향한 추론적 비난에 지나지 않는 언어의 차이를 습득한 후 청소년은 정당 충성도의 이론과 실천, 당파성이 우리 정부 업무 수행에 미치는 영향에 대해 교육받아야 한다. 다른 것을 배웠든 아니든 우리 정부를 실제로 운영하는 사람들의 동기와 방식에 대해 어느 정도 개념을 가져야 하다.

그러나 보다 지적으로 비판적이고 개방적인 세대를 양성하려는 이러한 '직접적인' 시도는 '간접적인' 방법보다 실현 가능성이 훨씬 낮을 가능성이 높다. 부분적으로는 지금처럼 자칭 사회의 수호자라는 사람들의 격렬한 반발을 불러일으킬 것이고, 부분적으로는 습관과 제도에 대한 즉각적인 조사가 그 기원과 진행 과정을 연구하고 다른 형태의 사회적 적응과 비교하는 것만큼 유익하지 않기 때문이다.

나는 우리가 역사에서 지금까지 매우 피상적으로만 작동했던 위대한 자원을 가지고 있다는 것이 이미 분명해졌기를 희망한다. 우리는 지금 인류 역사상 가장 위대한 지적 혁명의 한가운데에 있다. 정신의 개념 전체가 큰 변화를 겪고 있다. 우리는 지성의 본질을 이해하기 시작했고, 더 많은 것을 알아갈수록 지성은 이전에는 누리지 못했던 존엄성과 효율성을 인정받을 수 있을 것이다.

자연과학의 경우 고무적인 시작이 이루어지고 있으며, 인간의 복잡한 본성, 인간의 근본적인 충동과 자원, 과거의 무지로 인해 겪었던 불필요하고 치명적인 억압, 그리고 우리의 존재를 풍요롭게 하고 동료 인간과의 관계를 개선하기 위해 시도되지 않은 방법의 발견과 관련된 연구에서도 비슷한 성공이 기다리고 있다.

영원불변한 것은 없다

괴테의 《파우스트》에는 역사를 계시록에 묘사된 일곱 개의 봉인이 있는 책에 비유한 널리 알려진 구절이 있다. 그 책은 하늘이나 땅이나 지하에 있는 그 어느 누구도 읽을 수 없었다.

아우구스티누스, 오로시우스, 오토 폰 프라이징, 보쉬에, 볼링브로크, 볼테르, 헤르더, 헤겔 등 많은 사람들이 그 내용에 대해 온갖 추측을 했지만 그 누구도 봉인을 풀지 못했고, 그들 모두 책의 내용에 대한 단편적인 지식으로 심각한 오해를 불러일으켰다. 이제 우리는 그 일곱 개의 봉인이 일곱 가지 심각한 무지였음을 알 수 있다.

아무도 (1) 인간의 육체적 본질, (2) 인간의 생각과 욕망의 작용, (3) 인간이 살고 있는 세상, (4) 인간이 어떻게 한 종족으로 생겨났는지, (5) 작은 알에서 어떻게 한 개인으로 성장하는지, (6) 유아기와 어린 시절의 잊혀진 인상이 얼마나 깊고 영구적인 영향을 미치는지, (7) 조상들이 수십만 년 동안 야만적인 무지의 어둠 속에서 어떻게 살았는지 알지 못했다.

이제 봉인은 모두 풀렸다. 그 책은 마침내 읽을 수 있는 사람들 앞에 펼쳐져 있지만, 아직은 소수의 사람들만이 읽을 수 있다. 우리 대부분은 여전히 그 안에 무엇이 들어 있는지 알기 전에 그 내용에 대한 추측에 집착하고 있기 때문이다 우리는 이제 허구로 판명된 익숙한 옛 이야기에 집착하게 되었고, 이 책이 담고 있는 많은 어려운 말들, 즉 '착한' 사람들의 어리석음에 대한 끊임없는 강조, 존경할 만한 정상인에 대한 경멸, 성스러운 일상과 나태함, 안일한 확신에 사로잡힌 경건한 분노에 대해 스스로 화해하기 어렵다는 것을 깨닫게 된다. 사실, 기존의 기준에 따르면 그 가르침의 대부분은 완전히 부도덕한 것으로 보인다.

과거의 책이 명백히 밝히는 한 가지 끔찍한 사실은 우리의 동물적 유산으로 인해 우리는 특이하게도 삶의 중요한 관심사를 망각한다는 것이다. 우리는 작은 불편함, 사소한 자극, 상처받은 허영심, 다양한 위험신호에 예민하게 반응하지만, 복잡한 상황을 파악하고 삶의 문제와 가능성에 대한 공정한 관점 같은 것을 확립하는 데는 본질적으로 모호하고 무기력하다.

우리의 상상력은 우리 자신의 소심함에 의해 억제되고, 항상 우리에게 안전하고 제정신이 되라고 촉구하는 동료들의 경고에 의해 끊임없이 강화되며, 이는 그들에게 편리하고, 우리의 행동이 예측 가능하며, 일반적인 표준에 기꺼이 순응하는 것을 의미한다. 그러나 이러한 열성적인 경향에 굴복하는 것이 당장은 편안하고 존경스러워 보일지라도 점점 더 위험해진다는 것은 분명하다.

웰스의 표현대로 역사는 점점 더 '교육과 파국 사이의 경쟁이 되어가고 있다. 현재 우리의 내부 정책과 경제 및 사회사상은 사회 계층의 기원과 역사적 관계에 대한 잘못되고 환상적인 생각으로 인해 심하게 훼손되고 있다. 모든 인류의 공동 모험이라는 역사 인식은 국가 간의 평화와 마찬가지로 내부의 평화를 위해서도 필요하다.'

전 세계의 공동 평화 없이는 안전한 평화도, 전체적인 번영 없이는 번영도 있을 수 없으며, 이는 우리 모두가 지금 너무나 가까이 있고 너무나 애처롭고 복잡하게 상호 의존하고 있기 때문에 고상한 고립과 국가 주권에 대한 낡은 관념이 엄청나게 범죄적이라는 단순한 이유 때문이다.

마음 속 깊은 곳, 즉 무의식의 깊은 곳에서 보수적인 사람들은 세상과 그 개선에 대한 그들의 모든 태도가 과거의 위대한 책에서 최소한의 지지도 찾지 못하는 가정에 기반을 두고 있다는 것을 깨닫지 못하는 것일까? 그들이 일관되게 자신의 직업에 부응하는 한 보수적인 태도가 치명적으로 잘못되었다는 것이 분명하지 않을까?

아무도 미래를 예측할 수 없기 때문에 소위 급진적인 태도 역시 거의 항상 틀린다. 그러나 그들은 올바른 가정, 즉 미래는 지금까지 항상 과거와 다르다는 것이 증명되었고 앞으로도 그렇게 될 것이라는 가정을 바탕으로 일한다. 실제로 우리 중 일부는 미래가 과거와 점점 더 빠르고 광범위하게 달라지는 경향이 있다고 본다.

보수주의자는 스스로가 자신의 이론을 설명하는 유일한 예증이며, 그것조차도 전혀 결정적이지 않다. 그의 전반적인 사고방식은 변하지 않는 것처럼 보이지만, 그는 서로 전혀 다른 것들을 옹호하거나 거부하고 있다. 시대에 따라 원시적인 금기, 델포이 신탁의 발언, 아타나시우스 신조, 종교 재판, 지동설, 신의 은총에 의한 군주제, 주술, 노예제, 전쟁, 자본주의, 사유재산, 고귀한 고립 등이 큰 쟁점이 될 수 있다.

이 모든 것들은 보수주의자들에게 영원불변한 것처럼 보이지만, 이 모든 것들은 이미 왔다가 많은 것들이 사라졌으며 나머지는 시간이 지남에 따라 꿈도 꿀 수 없었던 변화의 대상이 될 것이다. 이것이 이제는 봉인이 풀린 책의 가르침이다.